JN147157

あの頃、俺たちは事件記者だった

錦織俊一
Nishigori Shunichi
亀山良三
Kameyama Ryozo
林 芳朗
Hayashi Yoshiro
合田一道
Goda Ichido

亜璃西社

あの頃、俺たちは事件記者だった＊目　次

老いのたわごと――はじめにかえて　5

あの頃、俺たちは事件記者だった　I

こわいもの知らず　錦織俊一　7

二度繰り返した中学一年生／おーいションボー／「都の西北」で
曲折を経て道新へ／運転免許証事件／よく呑んだサツ回り
福田同行で中東へ／歌うニュースキャスター／名前のこと／破門、まだゼロ

あの頃、俺たちは事件記者だった　II

多様な死と向き合う　亀山良三　41

一度、死にかけた少年／引き揚げと道新入社／国境のマチ・根室の初取材
黄金時代の釧路サツ回り／多様な死と向き合う事件記者／厳しい警察社会
暴力団とのお付き合い／戦争の亡霊など――最後の事件
心臓移植／楽しい初支局の新得町／一匹狼になって……
壁で分断された東西ベルリン／大水害と人の情け／優秀な日本のソーラーカー

あの頃、俺たちは事件記者だった Ⅲ
公平性と人情のはざまで 林 芳朗 99
眉毛の下の傷跡／チリ地震津波、突然の襲来／日銀支店長宅の強盗
副署長の招待／警察の悪口を書く／仲人なしの録音結婚式
チフスで隔離／年四回の引っ越し／太平洋炭鉱の火災事故
救急当番医の産婆役／三沢部長夫人のプレゼント／将棋会
江田三郎と私／石橋元社会党委員長／自治省の長野財政局長
販売局で販売店全店訪問

あの頃、俺たちは事件記者だった Ⅳ
くぐり抜けた修羅場の数々 合田一道 143
チリ地震津波に襲われた霧多布に立つ／刑務所脱走舞い戻り事件
ソ連監視船が「立ち去れ」の信号旗／官名詐称して大スクープ
〝死体なき殺人事件〟の顚末／豊頃一家四人殺害事件解決の夜
「ひかりごけ事件」の真相とは／はがき通報殺人事件の裁判
雪崩に巻き込まれた北大生の遺書／地底から生還した炭鉱マンのその後
ドラマになった「女工節」／満蒙開拓団の最期を記した七冊のノート

龍馬の甥の直系、坂本直行さんの気概／フランスで〝タイクンの刀〟と出合う
日ロの架け橋になったコースチャ坊や

あの頃、俺たちは事件記者だった　V

座談会——錦織俊一＋亀山良三＋林　芳朗＋合田一道　209

四人の略年表　222

老朗快語——あとがきにかえて　228

老いのたわごと——はじめにかえて

なにをいまさら、と思わぬわけでもない。そんな昔話を書いたって、老いのたわごとさ、と一蹴されるのもわかりきっている。でもなぜか、書こうじゃないかという話になり、意見が一致したのである。燃え尽きようとしている微かな残り火が、そうさせたのかもしれない。

私たち四人が「事件記者」としてともに歩んだのは、昭和三十年代半ばから後半にかけて。北海道新聞釧路支社報道部の事件担当という部署である。朝出、夜勤の勤務ダイヤを編成し、それに合わせて出勤する。朝出は午前八時に道警釧路方面本部、釧路警察署、釧路海上保安本部を回る。中番と夜勤明けは午前九時半過ぎの出社。夜勤は午後二時から午前二時までの勤務である。

と、これは表面上の勤務割りで、早出と遅出を除くと実際はいつも警察署に入り浸っていた。記者クラブというのがあって、各社の記者が出入りしていた。ここで飯を食べたりおしゃべりをしたり、まるで寝ぐらみたいなものだった。

あの時代は高度成長期に入った頃で、夜の繁華街は賑わっていた。ことに漁船が入った夜などは喧嘩が多く、決まって傷害事件が起きた。そのたびに刑事の後を追い、現場に走った。抜くか、抜かれるか。いつも他社との競争だった。闘いが一段落すると、よく安酒場に出かけた。懐具合も気にせず、「抜いた」といっては飲み、「抜かれた」といっては飲んだような気がする。

なぜ、あんなに燃え上がることができたのか、といまにして振り返ると、やっぱり青春だったんだなぁ、と思う。他社を抜く、ただそれだけの信念に凝り固まって生きた若い時代。だが、そこからいくつも、生きることへの姿勢のようなものを教えられた気がする。

この本は、四人それぞれが、「あの頃」を中心に一編を千六百字程度で書こうと決めて書き上げたものである。だから、書き方もばらばらだし、波長も違うが、それは個性によるものということで、お許し願いたい。

こわいもの知らず

あの頃、俺たちは事件記者だったⅠ

錦織俊一

二度繰り返した中学一年生

物心ついた小生が、育った土地の名は、北海道川上郡標茶村久著呂《くちょろ》。日が暮れると、石油ランプを灯す田舎暮らしだった。

明治四十年生まれの父、俊介は、宮城県南部の角田《かくだ》村出身。生家は曹洞宗の禅寺・自照院。三男坊だった父は、地元の角田中学校卒業を控え、村一番のインテリだった先輩を訪ねて、進路を相談したという。

この先輩は「これからは、北海道がいい。進学するならここから一番近い函館師範学校にほとんど無試験で入れるはずだ」とアドバイスしてくれた。ちなみに、親切なこの先輩は、村の鎮守の神主である。

函館師範学校を卒業した俊介は、新任校の川上郡弟子屈尋常高等小学校へ訓導として残雪をかきわけて赴任する。

当時の弟子屈は、すでに温泉街で、旅館が多く、共同浴場もあった。屈斜路湖から流れ出る釧路川が、市街地のまん中を流れ、川面からは、流れこんだ温泉の湯気がゆらゆら立ちのぼっているのを眺めていた幼い記憶がある。

父・俊介はやがて、同郷の校長の媒酌で、白糠村に奉職していた女教師と結婚。昭和九年(一九三四)には長男の小生、同十二年には長女が生まれる。

教頭ポストを経て、父・俊介が、校長として赴いた土地は、無灯火の寒村だった。

どうして、こんな草深い田舎にいるのだろう——当時の小生には、見当もつかなかったが、要するに、温泉町の尋常高等小学校教頭から、あっぱれ校長に栄転するには、そんな辺地校のポストしかなかったということらしい。

当時の呼称だと、釧路支庁川上郡標茶村立久著呂小学校。わずか六十戸の住民の子弟が通学する二学級編成の辺地校だ。

この地の主産業は、馬産と酪農。人口よりも馬の数が多い。こんな山あいの寒村で、小生は中学一年生まで、躾けられていない山猿のように、野放図に成長した。

この一帯は、集落のまん中を流れているクチョロ川によって、行政は標茶村と鶴居村に区分けされているのだが、この川を、秋にはアキアジの大群がそ上する。川上にふ化場があり、毎年、このアキアジをねらう密漁者があとを絶たない。

夏は、この川がこどもらの格好の水遊び場となる。恐ろしいのは大雨のあと。川幅がせまいこともあって、たちまち流域で氾濫を繰り返す。この地域の治水の歴史には、先人たちの汗と涙がこめられている。

小生が、中学一年生を修了した春、父が電灯のある地域の校長に転勤することが決まった。勉強についていけるだろうか――。思い余った小生は、もう一度、中学一年生からやり直したい、と校長に直訴した。飛び級なら問題だろうが、留年なら、ま、いいか――となり、転校先ではもう一度一年生クラスに編入。中学一年生の教科書とふたたび、相まみえるのである。

おーいションボー

クチョロ時代の忘られぬ友が「モリのションボ」である。

地域に一軒しかない鍛冶屋の長男で、森昭一が本名。小生の一学年先輩で中卒と同時に、郵便配達員になった。

父は太平洋戦争のさ中、応召されて、小生がこの地で暮らしている間は、復員してこなかった。通称・ションボの彼は、ガキだった小生とよく遊んでくれた。いや、小生には遊びだったのだが、彼にとっては、家業の延長だった。

それは、こういうことだ。

馬産地として知られるこの地は、ほとんどの家で馬を飼っていて、四季を通じ、共同放牧場で放し飼いにしている。予防注射や交配時期になると、四キロメートル離れたこの共同牧場へ出向き、用が済むとまたその牧場へ放牧する、という作業を繰り返すのである。

森家のこの仕事は、ションボが一手に引き受けていた。そして、そこには必ず小生が、金魚のフンのようについていた。それは、連れて帰る馬と、連れてゆく馬に乗せてもらえるからである。もちろん鞍などは置いてない。くつわのついた手綱だけの裸馬にまたがり、牧場から集落へ、集落から牧場へと、馬を走らせるのだ。

これは経験してみなければわからないことだが、馬を走らせるには、四ツ足を交互に動かす時よりも、前足とうしろ足を別々にそろえて走る方が、ずっと安定している、ということだ。

風を切って疾走する馬を、かけ声でコントロールし、目的地に近づけば、手綱を引きしぼってストップさせる。文字通り〝人馬一体〟のこの感動は、馬に乗った人間にしか味わえない。

ションボ先輩には、もうひとつお世話になったことがある。

自転車だ。郵便配達員になった彼は、初体験の自転車の試乗独習を、小学校グラウンドで重ねた。彼がまたがろうとする赤い自転車を、押さえているのは小生だ。

何度も自転車ごと転ぶ彼を、「もう少しだったのに」とか「いいぞ、いいぞ」とはげまし続けているうちに、最初はよろよろと、そのうち、すいすい走れるようになった。

当然のように、立会人の小生もお相伴にあずかり、彼と一緒に、自転車走行のコツを身につけたわけである。

父の転勤でションボとはわかれわかれになった。

シベリア送りとなっていた彼の父は、その後、無事帰国したという。元気でいればションボはもう八十三歳。孫が何人かいるトシである。
あの鍛冶屋のあとはどうなっただろう。
共同牧場は、まだ、昔のままだろうか。

「都の西北」で

父の転勤先の新しい中学校で一年からやり直した小生は、三年後、釧路江南高校へ進学。四年後は、念願どおり〝都の西北〟へ入学した。

ところが、この受験ツアー、とんだハプニングに遭遇するのだ。

第二志望だった教育学部入試の最後の関門でも、あえなく討死にしてしまう。泊めてもらっていた荒川区日暮里の叔母宅では、もう二、三日骨休みしてから帰りなさい、と引き止められたのだが「一日も早く帰って、受験勉強します……」と生意気な口を利き、東北本線の夜行列車にのりこんだ。

その翌朝、盛岡を過ぎたあたりだったと思うが、叔母宅から「ホケツゴウカク、スグモドレ」の電報が、車内の小生宛てに舞いこむ。

その電報を車掌から手渡された瞬間、頭の中に「都の西北」のメロディが、高らかに鳴りひびいたのを、今でもはっきり覚えている。

それから二十数年後のことだ。小生にはむすめと、年子のむすこがいるのだが、いずれも〝一浪〟の経験者。そのむすめが浪人中のこと。たまたま、父の小生とこども二人が、女房の留守中、昼食を家庭で一緒にする機会があった。

その席上、父の車中のこの体験を〝鳴り物〟入りで演じてみせると、実に感じ入ったカオつきで聞いていたものだ。幸い、両人とも留年なしで卒業してくれたのは、なによりだった。

不肖の父は、就職戦争でも曲折をたどった。

マスコミ志望一本ヤリだった小生なのに、なぜか受けた新聞社は、北海道新聞社一社だけ。放送局は、HBC北海道放送に願書を送ったが、他社とのバッティングで受験場にもゆけず。しかしその道新は、面接までたどりついたものの、「サクラチル」となった。

傷心の末、母校の釧路江南高校に内定をもらう。留年を思いとどまり、しゃかりきで、卒業論文を書きあげた。

ところが、大学四年の年末、あきらめていた北海道新聞から「ホケツナイテイ」の電報が舞いこむ。この時の感動は、生涯消えることはない。

両親は、新聞記者よりは教員、と考えていたらしいが、なんとか小生のわがままを、通してもらった。

翌春、当時、父が校長の職にあった雄別中学校の校長住宅に帰省の折り、教員住宅の各戸を

「彼の評判はどうですか」と、聞いて回っていた道新関係者がいたことを知り、へえーっ、やるもんですなあ、とびっくりした記憶がある。

初任地の釧路支社編集局では、整理部に配属された。まず、地方面の編集である。

これが勉強になった。まだ活版印刷の時代である。鉛の活字を、裏から見て判読できるまでには、かなり時間がかかった。威張りくさっている先輩記者ほど、字が下手くそだったり、結局、なにを言おうとしているのかわからないナマクラ原稿も時にはあったりした。

曲折を経て道新へ

旧制高女だった釧路江南高校から、曲がりなりにもストレートで、都の西北へ進学したのは昭和二十九年(一九五四)だったから、もう六十年以上も昔のことになる。

理数系がからっきしダメな小生は、北大がムリなら道学芸大学にしろ、と主張する父親の懇願を振り切り、仕送りの不足分はバイトで稼ぐ、と調子のいいことを言って上京した。だから、両親が毎月送ってくれるカネは、七千円ぽっきり。このほかに年間、三万円を超す授業料もあるのだから、校長職とはいえ、弟妹が四人もいる両親の苦労は、さぞかし、だったに違いない。

とにかく、生活費を安く、と初めから自炊の学生生活である。仙台市郊外の小さな曹洞宗の寺院が父の実家。小作に出している田んぼがある、というので、コメをもらいに学割キップの国鉄で東北本線を何度も往復したものだ。

当時、父のおふくろさん(つまり小生の祖母)は、もう八十路を超えていたが、健在で、この寺のサイフを一手に握っていた。

上京の途中、父の兄が住職のこの寺に寄って、釧路の便りを届けていたのだが、そのたびに、この「おばんちゃん」(そう呼ばれていた)は、小生をフスマで仕切った自室に呼び入れ「だれにも言うない(言うな)」と言って、千円札十枚(まだ一万円札はなかった)をこっそり渡してよこした。

このプレゼントは、実にありがたかった。今は天界のおばんちゃん、本当にありがとうございました。

さて肝心の都の西北だが、「四年間で卒業」の大方針を変えることなく、心豊かなキャンパス生活を、と選んだのが、創立二年目の「早大合唱団」だった。

当時、時代は「うた声運動」一色。ハンディな「青年歌集」が売れまくり、キャンパスのあちこちで、歌唱指導が散見された。

いわば「うた声運動・都の西北支部」の早大合唱団に新入りの小生も、学内のサークルや、キャンパス周辺の職場から要請があると、駆けつけて行っては、タクトを振った。

歌唱力のブラッシュ・アップも必要だから、音大教師の個人レッスンも受けた。もっとものの授業料は個人負担である。

こうして新入生から三年修了までの丸三年間、都の西北のキャンパスへは、講義を受けるよりも、歌唱力向上を目的に通学していたというのが実感である。最終学年は卒論とアルバイト。

さて、社会人になってからである。

初めての職場は道新釧路支社整理部。職場の先輩が「歌う会」をやりたい、と言うので、工務局、電話交換室、編集局の有志が集まってレッスンを重ね、発表会までやった。

東京へ転勤以降は、発表の場は、もっぱら「夜の巷《ちまた》」となったが、いまでも新曲をマスターしたい情念は、むかしのままである。書斎のＣＤ収蔵棚には、いま新曲のＣＤがざっと二百枚収まっている。

運転免許証事件

「釧路警察署のお巡りさんに、現ナマを渡せば、運転免許証が簡単に取れるらしい」。——こんな物騒なウワサが、聞こえてきた。

あれは、道新釧路支社のサツ回りになって一年目だったろうか。事実ならば大問題。厳正であるべき自動車運転免許試験制度を、根底から揺るがす大スキャンダルである。

昭和三十七年(一九六二)春、道新釧路支社報道部のサツ回りチームは、ひそかに動き始めた。小生は入社して支社整理部を四年勤めあげて、サツ回りを命じられたばかり。初めての外勤とあって、やる気十分だった。

釧路警察署は、市内黒金町の木造二階建てのボロ建築。陽が射さない一階奥の記者クラブは、ウナギの寝床のように細長く、スプリングが抜けたソファ一脚と、マージャン卓だけが備品の薄暗いショボい部屋に毎朝出勤した。

間もなく、交通課のＦ巡査と、四方山話を交わすようになった。いつも仕立ておろしの、パリッとしたスーツを着込み、おまわりらしからぬ、しゃれた格好だ。この彼、それより以前の王子製紙の労使が真っ向からぶつかり合った大争議の警備に狩り出された際、デモに巻きこまれて大ケガを負う。

昭和37年7月15日　（日曜日）

運転免許試験で不正

現金を贈り合格

元警官ら三人を逮捕

釧路署員が運転免許試験の受験者から現金を受け取り、不正合格させていた事実が出た。釧路地検は十四日夜から関係者を呼び、調べを始め、十五日午前までに三人を贈収賄の疑いで逮捕した。調べが進むにつれてこうした不正合格はかなりの数にのぼるものとみられ、同署外勤交通課免許係にも波及する見込みも出ている。

最近釧路市内で『現金を積めば一回で免許試験にパスできる』との風評が流れているため釧路地検が本格的捜査に乗り出し、十四日午後十一時、　を贈賄、　を贈賄ほう助の疑いで逮捕、二人の自供に基づいて十五日午前十時、　元釧路署外勤交通課員で運転免許試験補助員の　を収賄の疑いで逮捕すると同時に、三人の自宅を家宅捜索して関係書類を押収した。

これまでの調べだと　は五月中旬ごろ、知人である　の自宅に招かれ、居合わせた　から『六月八日の第二種原動機付き自転車の試験をなんとかしてもらえないか』と頼まれて現金三万円を受け取っていたもの。　は試験場で正解を教えてもらい、試験に合格していた。なお　は健康上の理由でこの一日依願退職。

こうした免許試験をめぐる贈収賄はいぜんからウワサにのぼっており調べによっては波及の見込みも出ている。これより　事態に驚いた同本部、釧路署は『免許試験は今後厳重にするよう』内部に指示している。

取り調べをうける

現金を渡した　の話　試験に五回も落ちているので悪いことと は知りながら、試験の十日ほど前に　さんを通して現金を渡した。巡査の名前は知らなかった。

釧路署長の話　ぜんぜん知らなかった。申しわけない。徹底的に調べてもらうが責任はじゅうぶん感じている。

運転免許証不正事件を報じる、昭和37年7月15日の北海道新聞

職場復帰ののちは、早番、夜勤免除の特別待遇扱いという結構な身分だった。

如才のないＦは、サツ回り記者との会話も軽妙で、呑み屋へも一緒に出没し、何度かひるめしを共にした。

一方、わがサツ回りチームが、極秘に進めていた「不正免許証プロジェクト班」の網に、ひとりの警官の名前が浮上する。

Fとは別人である。「金を渡して、運転免許試験にパスした」と話す中年男への取材で浮上したこの巡査宅を某日夜、アタックした。

「カネをもらって、試験問題の正解を教えたろう」といきなり質問をぶつけた。

しかし、キョトンとした彼は、質問の意味を説明されると、笑い出して真っ向から否定。重ねて追及しても、動じるところはなかった。

振り出しに戻ったと思われた独自捜査だったが、しばらくして、カネづかいの荒いF巡査の〝私生活〟をあやしんだ釧路署の内部監察に追いつめられたFが犯行を認め、辞職した。

一連の動きをまとめた道新報道はスクープとなったが、Fとの交流とからみ合って進展したこの事件は、小生にとって、あと味のいいニュースではなかった。

警官と事件記者。時には味方となるが、時には許し合えないライバルともなる関係。そこに横たわるハードルは、いつも、つらいまでにけわしい。

警察官をやめたFのその後は分からない。生きていればもう九十歳近い。

よく呑んだサツ回り

小生が入社した昭和三十三年当時、北海道新聞釧路支社では釧路市内、釧路管内、根室管内と三つの地方面（最終面）を制作しており、途中からこれに十勝管内と帯広市内の二面が加わった。

この五つのローカル面を、ひとつずつ、整理部員が担当。報道部デスクから流れてくる原稿に、見出しを付け、それぞれの地方面に割りつけるのである。

出社は午後一時。原稿を受け取って、一本ずつを紙面にはめこむ。中には、なかなか見出しのつかない幼稚な原稿や、誤字だらけのレポートもある。

そんな時、こわいもの知らずの小生は、新人の分際で、「このままじゃ使えませんから、書き直させてください」と報道デスクに、その原稿を突き返していた。

デスクも慣れたもので「確かにまずい原稿だナ。少し手を入れましょう」とあっさり修正要求に応じてくれた。紙面制作にあたって、整理部員はオールマイティなのである。

地方版担当が一年も続いた後は、スポーツ面、特集面と〝出世〟、やがて社会面、一面と責任が重くなる。

整理部丸四年となった春、あの男は元気があってよさそうじゃないか――と報道デスクが認めてくれたのかどうか、外勤部門の報道部にスカウトされた。

ポジションは、新人が配属されることの多い「サツ回り」。当時、NHKのテレビドラマ「事件記者」が大人気とあって、「新聞人が、一度はやってみたいポストナンバーワン」とされていたらしい。

あの頃、道新のサツ回りは三人体制。早番、おそ番がひとりずつ。前日、おそ番だった記者は、翌日、中番。そのあと、早番、おそ番と回る、勤務ダイヤだ。

三人の平均年齢はほぼ同じ、ということもあって、情報共有を理由に、よく呑んだ。いまも、あるのかどうか。釧路市内末広町の酒亭「二合半」には、ほとんど毎晩のように出かけた。もちろん割り勘である。

当時の釧路は東京三紙に二通信社、北海タイムス、地元の釧路新聞がカオをそろえていて、サツねたの競争は激烈だった。

中でも三人のサツ回りを擁する道新は、抜いて当然。抜かれでもしようものなら、頭を丸めても追いつかないふんいきである。

事件記者時代の筆者（左）と合田キャップ（昭和38年11月）

だから、気を抜けなかった。

そのサツ回りを二年担当したあと、市政、遊軍を受け持って丸四年。そして念願の東京支社へ転勤となる。

学芸記者を四年。これが実に勉強になった。東京は、文化、学術の第一線。記者クラブに所属していなくても、取材先は電話一本で、きちんと対応してくれる。

その後、政治経済部へトレードされ、もっぱら政治家を相手に永田町を走り回った。政治経済部次長の時、ＵＨＢ北海道文化放送へと転じ、ペンをマイクに持ち替えた。

福田同行で中東へ

新聞記者二十五年の遍歴の中で、最も強烈な毎日だったのは、東京文社政治経済部時代である。

春闘目前の労働省記者クラブ入りを皮切りに、半年後のポスト替えでは当時の社会党クラブへ。続いて首相官邸クラブ、外務省クラブ、自民党クラブとめまぐるしくポストが替わった。最初の官邸クラブでは、三年先輩の下田経キャップに、公私ともにお世話になった。

総理大臣の外遊には、二回も同行。うち福田赳夫首相の中東諸国歴訪には記者団長として、おつき合いした。昭和五十三年（一九七八）九月のことである。

初めて知ったのは、総理が訪問国で公式ディナーに出席の際、記者団長も同席しなければならない義務があって、しかも正装だった。

このため、小生はラゲージに、タキシード一式を詰め込み、成田空港から総理専用機に乗りこんだ。

政治家の取材には、夜討ち朝駆けが欠かせない。朝は、相手の朝食前だから、早起きが必要。政治家という動物は、タフで前の晩、おそく帰って来ても、朝食はしっかり食べるのが普通。これは与野党共通である。

運がよければ、相手と朝の食卓を一緒にして、トップシークレットを聞き出すことも、稀にはある。

政治家も人の子だから、機嫌のいい日と、悪い日がある。その辺を見きわめながら、質問のポイントを探る。ライバル社がいる時の深追いはナンセンス。機嫌がよさそうだナと見きわめたら、直球を一球だけ投げこんで、反応を見きわめる――こんな探り合いで、スクープを掘り当てたいものだ――と、夜回りや朝回りを繰り返した。

しかし、人様に誇れるような快挙に、ブチ当たることはないままだった。

歴代総理で、つき合いの長かった政治家は、派閥を担当した縁で福田赳夫さん（故人）がまず、あげられる。

道新の大先輩、富沢隆さん（故人）が派閥記者の草分け。彼は福田夫人の三枝さんから「トミさん」と呼ばれ、福田内閣誕生時には、首相秘書官を引き受けてほしい、と懇願されたという。

外務大臣時代に、霞クラブ員としておつき合いした大平正芳さん（故人）も味のある政治家だった。

東京支社政治経済部時代の昭和53年、福田赳夫首相の中東諸国歴訪に記者団長として同行。訪問先のイランでの歓迎パーティーにて。背後の絵画はパーレビ国王の肖像

世間では「アー、ウー政治家」呼ばわりされたが、この間投詞は一種の接続語で、彼のコメントは、一字一句、そのまま新聞原稿に置き替えることが出来た。

あの頃、次世代の総理候補と、はやされた安竹（あんちく）は、安倍晋太郎、竹下登両氏で、いずれも故人。故安倍晋太郎さんはいま、泉下で、三男、晋三氏の長期政権ぶりに、どんなエールを送っているだろうか。

歌うニュースキャスター

それは、突然のことだった。

「テレビのニュースキャスターをやってもらいたい」

上司からだしぬけの人事異動通告である。

その時、小生は四十八歳。北海道新聞東京支社編集局で政治デスクを丸五年。今年は間違いなく転勤だなあ、と心の用意は出来ていたが、よもやテレビとは……。

勤務先は、UHB北海道文化放送。道新とフジテレビが大株主の新興局である。しょせんサラリーマンのわが身。じたばたしたところでロクなことにはならぬ、とその場で覚悟を決め、「わかりました」と、いさぎよかった。

通告されたのは年明けの二月。四月一日から実動という。職場の好意で勤務ダイヤからはずしてもらい、あれこれ転勤の用意にとりかかった。

昭和三十三年（一九五八）の入社以来、釧路支社整理部から報道部、そして東京支社社会部と政治経済部を経験した小生にとって、本社所在地の札幌勤務は初体験である。

わが家は、妻が千葉市内の小学校教員、一女一男は大学と高校に在学中。パパは当然のように、単身赴任となった。

幸い、札幌市中央区にワンルームマンションの一室を所有していたので、居住者に退去してもらって転居。

一方、〝未知との遭遇〟のテレビワークに関しては、キー局フジテレビ報道局の好意で、スタジオ内での立ち位置、カメラ目線、マイク操作などの特訓を重ねた。まあ、〝一夜漬け〟である。

そして四月。前任の富永守雄キャスターのオン・エア最後の日。報道スタジオで握手を交わした瞬間から、小生のＵＨＢ人生が始まった。

スタート時の番組タイトルは「テレビ道新６・30」（のちに「イブニングニュース」に衣替え）。わずか二十分の放送枠なのだが、初日はフロアでキューを出すスタッフの合図を、目で追いかけるのに精いっぱいだった。

番組開始にあたって心に決めていたことがひとつある。

それは、ニュースにちなんだ歌を、折り折りカメラに向かって歌いあげる、という冒険だ。

大学時代の所属サークルは早大合唱団。譜面もそこそこ読める。そこで一回目のチャレンジはスタート早々、五月五日のこどもの日。

「テレビ道新 6:30」から「イブニングニュース」に衣替えした昭和59年、本番に挑む筆者（『北海道文化放送30年史』〈平成14年〉より）

毎日、ニュースの最後に六十秒のキャスターコメント枠をもらってある。その一分内をアカペラで朗々と歌い出すのである。

「ハシラノキズハ　オトトシノ　ゴガツ　イツカノ　セイクラベ」

と、いきなり、歌い出したので、スタッフはギョッとしたらしい。

放送は、コメントだけでなく、新聞とくらべてメロディを伝えることが出来る特性もあったのである。

小生のキャスター生活は丸五年。この期間中、七曲も歌った。もちろんフルコーラスを歌う時間は与えられていない。ほんのサワリ部分だけ。当時のスタッフ諸君の協力にあらためて感謝したい。

名前のこと

「みそひともじ」という表現は、「三十一文字」を意味し、五、七、五、七、七と綴る短歌のことを指しているが、小生、いつ頃からか、まったくの我流で、この短歌の魅力にはまっている。

もう十年も前から月刊の「ＮＨＫ短歌」を購読し、時折り、投稿もする。

なかなか採用されないのだが、数年前、ビギナーズ・ラックなのか、思いもかけず、一首が入選した。題は「手紙」だった。

「返信の　出しようもない　天からの手紙降り積む　北の山里」

が、その愚作である。

ＮＨＫからは、教育テレビでＯＡされる日時を知らせて来たので、当時、広島市居住の愚息と、仙台市に嫁いでいる娘にも放送日時を知らせて、その日を待った。

その当日、入選九首の中に小生作品は確かに存在したのだが、放送画面にギョッとなった。

作者の氏名が「綿織俊一」となっているではないか。ニシキではなくワタである。

内輪の祝賀会で顔を合わせ、談笑する筆者（左）と合田（中央）、林の三人

頭に来た小生は、直ちにＮＨＫの担当部署に抗議と訂正を申し入れた。

相手はこのミスに平あやまりだったが、もちろん再放送が出来るはずもない。後日、氏名が正しい表記となった愚作の色紙一枚が送られて来てチョンとなった。

小生の姓名に関わるこうしたトラブルは、実は多い。

おいらの名前は木綿製じゃないぜ、とその場で、訂正を申し立てられるならいいが、全国に放送されてしまっては、あとのまつりなのだ。

それが、このところ心配しなくてよくなってきた。あのテニスの名選手のおかげである。

彼、錦織圭選手は出身地が島根県。小生の本家筋も大和朝廷時代、大陸から錦の織物を作る技術を伝えに渡来した、と伝えられており、上陸地は島根県だったらしい。

その彼が、テニスの世界ランキングをあげるごと、小生の姓名の認知度が広がってゆくのだ、と思うと、まことに気分がいい、と考えるのは、少し図々しいか。

名前と言えば、小学生の頃、習字の時間が、なんともイヤだった。

字が下手、というのもあるが、姓名の字画が多すぎて、最後に左スミに書きこむ名前のサイズが、本体と同じスペースを必要とするからである。

だから、習字の授業はきらいだった。いまでも、筆字が不得意なのは、その後遺症である。

ところで、近頃、愚妻がテレビで錦織選手のクローズアップに接するたび、

「わたしの目もとにそっくりヨ」

とつぶやく。

もっとも、「(わたしが)若かった頃の……」という意味なのだが、ちょっと違うんじゃないか、と思う。しかし、家族の平和のために、そんなことは、言えないでいる。

破門、まだゼロ

小生、毎週木曜日の午後、初老の男女ふたりに、歌謡曲を教えている。個人レッスンで、授業は休憩なしのひとり九十分。オール新曲である。

この歌謡塾、スタート時は、ふたケタ台の生徒がいたのだが、数年前に心不全で長期入院を余儀なくされた際、もうムリが出来ない、と覚悟。病院から生徒全員に、電話で塾閉鎖の意向を伝えた。

大方は了承してくれたのだが、どうしてもＯＫしない生徒が、男女ひとりずついた。「センセイ、病気が直ってからでいいですから再開してください。それまで待っています」というのだ。

これには参った。幸い小生の病後は順調で、昨年末のひと月と、ことし前半の三カ月を休んだだけで、この四月からレッスン再開に踏み切った。

授業はマン・ツー・マンの、完全な個人レッスン。木曜日午後一時三十分スタートで一人九十分ずつ。毎回、発声練習から始める。男女、別々のオール新曲の教材テープと楽譜を、前週までに用意。予習がしっかり出来たかどうかは、次週、歌わせてみるとすぐわかる。

下手でも、決して叱らない。うまくいった時は、褒めまくる。これが、素人をレッスンする際の要諦である。

これまでに、彼と彼女がマスターした曲の一部を列挙してみると、以下となる。

「おやすみ恋人」(藤竜之介)

「来島海峡」(レイモンド松屋)

「放浪酒《はぐれ》」(山本譲二)

「懺悔のブルース」(チャン・ウンスク)

「悲別」(川野夏美)

「一期一会」(田川寿美)

レコード店に陳列の新曲CD群から、どのCDを教材にするかは、むずかしい選択だ。まず「試聴」してみる。作曲家のキャリアは重要なポイント。もうひとつ大事なのは、歌い手の表現力だ。

購入したCDの譜面をコピー機で拡大し、ダビングしたカセットテープとセットで、生徒に手渡しする。「次回は、この新曲をやります。しっかり予習してきてください」と、念を押しながら、である。

しかし、レッスン開始前に、その新曲をちゃんと歌えるような生徒には、まだお目にかかっていない。

そこで、教室では持ち込んだラジカセで、録音テープを何回も繰り返して聴かせたのち、カラオケ機の登場となる。

いまカラオケ機の性能はすばらしい。ワンタッチで、半音ずつ、オクターブの幅を上下させることが出来る上、音響が実にいい。

メロディとテンポを、人工的にここまでサポートしてもらっても、まだ、ちゃんと歌えないようなら、その人は先天的に、救いようのない「音痴」だ。

幸い、わが門下生で破門となったのはまだひとりもいない。

多様な死と向き合う

あの頃、俺たちは事件記者だったⅡ

亀山良二

一度、死にかけた少年

敗戦から一週間たった昭和二十年（一九四五）八月二十二日、樺太豊原市は全戸白旗を掲げ、ソ連軍進駐のウワサで異様な緊張感に包まれていた。当時、中学一年の私は、突然の爆音に驚いて戸外に飛び出した。戦争は終わったのに、なぜ飛行機が……。

上空からソ連戦闘機（あとで分かったことだが）三機がすごい爆音とともに、私を目がけて急降下してきた。自宅からわずか二、三百㍍の豊原駅の広場には、ソ連軍進出から逃れようと、市民が群がっていた。その避難民を目標に、ソ連戦闘機は急降下しながら爆弾を投下、さらに繰り返し機銃照射を浴びせかけた。

私は鋭い金属音と、地響きとともに爆風を感じ、目頭に熱砂が飛び込んできたまでは分かったが、瞬間、意識を失った。

どれくらい経ったのだろう。遠くで母のうわずった叫び声と、両頬を何度もぶたれ、意識を取り戻した。あとで聞いたのだが、私は一丁ほど離れた道路の真ん中に、大の字であお向けに

樺太統治時代の豊原駅前。ここが地獄と化した（札幌市中央図書館蔵）

なって倒れていたそうだ。

幸い少年の軽い体重なので、爆風で上空に舞い上がり、十㍍ほど飛ばされて、道路の中央に軟着陸したようだ。両側はびっしり民家の塀。もし斜めに飛ばされていたら、ひとたまりもなかった。私は一度、死にかけ奇跡的に助かった。

駅前広場は、数百人の引揚者で埋めつくされていた。それを標的に爆弾投下と機銃照射で、広場は肉片が飛び散り、阿鼻叫喚の地獄絵図と化した、という。

ソ連の暴挙はこれに止まらず、樺太全土に広がり、民間人の死者・行方不明は四千四百人にも上る。そのほか略奪、強姦など多くの住民に非道の限りを尽くした。

侵攻後の豊原市民、約七万六千人は命からがら北海道などに緊急疎開した。ソ連の宗谷海峡封鎖により、その後の引き揚げ交渉で、樺太の住民（約四十万人）の大半、三十一万人余りは、ようやく母国に帰り着くことが出来た。

樺太には本来の意味の終戦はなく、戦時中のような暗くみじめな経過をたどった。私の家も、進駐してきたソ連側に接収され、珍しくソ連家族と同居生活を強いられた。

幸い家は広かったため、同居させられたが、ソ連人は軍人でなく、軍楽隊員で、妻と子どもの三人。驚いたのは、この妻は夜になると子どもに命令、他人の家の外に積んである暖房用マキを持ってこさせることだった。戸外に放置してあるものは、盗みにならないという。私は一年半の同居生活で、ソ連のお国柄も知り、片コトだがロシア語で会話も出来た。黒パンとボルシチの味は、今も忘れない。

私たち家族はようやく昭和二十二年一月、最後の引揚げが許可され、真岡港（日本海側）に集結した。もちろん帰国時の〝財産〟は両手に持てるだけ。

真岡港には、日本の純白の「白龍丸」が、手招きするように停泊していた。ソ連兵の厳重な警戒の下、真冬の岸壁の近くのテント小屋に押し込められた。厳しい寒さにふるえ、もしかして「ダモイ（帰れ）」と豊原へ送り返されるのでは、と恐怖におののいた二晩だった。

痛烈な思い出がある。いよいよ乗船が決まり、ソ連兵に銃剣で左右を囲まれ、桟橋に向かう時、地面に座って丸太をノコギリでひいている日本兵の将校が、祈るような眼差しでうなずいた。私が傍に寄って行ったとたん、ギャーという悲鳴で将校のアゴが裂け、赤黒い血が飛び散った。

彼は子どもの私を見て、日本の家族に安否を知らせる小さな紙を渡してもらおうとした。見逃さなかったソ連兵のマンダリン（自動小銃）の銃床が、思い切りアゴに命中したのだ。私は駆け寄った母につかまり、ころがるように坂道を走って、乗船した。

「白龍丸」は、母親のふところのようにやさしかった。やっと日本に帰れる、みんな涙を流し抱き合って喜んだ。「日本のミカンです」と乗組員がひとり一人に配った。私は食べたとたんに吐き出した。栄養失調に近い体力で、久しぶりの果物も胃が受けつけなかった。北海道に着いて、初めて日本の領土に足を踏みしめた。

いまでも怒りを抑え切れないことがある。それはソ連の日ソ中立条約違反と、豊原市を含む樺太全土にわたった残虐行為と暴挙だ。降伏した敗戦国に対し、戦闘を加えた国は、歴史上、ソ連以外にない。

日本政府は、国際条約違反をあいまいにし、なぜ正式に抗議と補償要求を行わないのか。現在もそうだが、ロシアの北方領土占拠と、中国、韓国、北朝鮮の執拗な威嚇・圧力に毅然として立ち向かわない弱腰の日本外交に、腹立たしい思いがしてならない。

引き揚げと道新入社

昭和二十二年（一九四七）四月、着の身着のまま私たち家族は札幌に移り住み、両親は創成川沿いに、ようやく露店を出す許可を得た。

父は高校生になった私と、早朝の小樽魚市場に、露店に出す魚介類の買い出しに出かけた。ある日、ガンガン（魚を入れるアルミ製の魚箱）を肩に、列車内に入った時、「臭いなア！　あっちへ行け」といわれた。「何を！」といきり立った私を、父は必死にデッキへ引きずり込んだ。以来、客車に入らずデッキに腰かける毎日。人間の無情さが悲しかった。

戦前、樺太は木材、石炭、ニシンの宝庫で、そこで働く労務者、漁業員でにぎわった。私の両親は料飲店を経営、かなり裕福だった。何不自由ない少年時代から現実は、急転直下の貧乏生活。

当然大学はムリだったが、母の強い後押しで、授業料・受験料が最も安かった中央大学を受験、幸い合格した。

しかし苦学のドン底生活。コッペパン一個と牛乳一本の日も。質屋通いの常連になり、安い下宿を探して大学四年間で七回も引っ越した。耐えられないのは、東京の夏。窓もない狭い三畳ひと間に、もちろんクーラーはない。樺太育ちの私に猛暑は、地獄のようだった。

日常的な空腹感は、頭脳を研ぎ澄ますものなのか――。今でも不思議に思うのは、毎日ラジオで聞いたクラシック音楽と、古本屋で買った文学全集の内容は、頭に吸い込まれるように所々、記憶に残っている。

もう一つの収穫は、四年間を通して人間の醜さと、逆に人情の機微にも多く触れ、人間観察の面白さを知った。いく多の不条理と、正義を体験していくうち、これを表現したい気持ちが芽生え、徐々に新聞記者への道を意識していったのかも知れない。

卒業間近の大学掲示板に、朝日新聞社の記者募集が載った。ただし受験資格は各学部一人のみ。つまり学内選考をくぐり抜けなければ、資格なし。ザコ（雑魚）は事前にふるい落とし、ある程度のレベルだけ受験させてやる、といわんばかり。

「何を偉そうに」と思ったが、気を取り直して学内選考に臨み、十数人の商学部の希望者から、幸い私一人がパスした。第一次筆記試験にラッキーにも合格したが、二次の面接でアウト。

失意の里帰りをして間もなく、私の記者志望を知った伯父から「北海タイムス社は、無試験で入社できる」と連絡。朝日新聞の一次合格なら入社ＯＫとのこと。しかし断わった。

昭和三十一年五月、北海道新聞社は第二次記者募集をした。伯父から再度のすすめもあり、受験手続をとった。そして第一次の筆記試験に、どう間違えたのか合格した。次は難関の面接だ。

面接日、重役陣が並ぶ部屋に、真正面の被告席？に座らせられた。質問された内容は、ありきたりのもので、軽い気持ちで答え、余り記憶に残っていないが、最後に一人の選考委員が質問した。

「君は朝日新聞を受験しているね。なぜですか？」。思わぬ矢が飛んできた。私はそれまでの調子で余り考えずに、「日本で一番良い新聞社は、朝日だと思っているからです」。その瞬間、しまった！と思ったが遅かった。全員のざわめきが起き、やがて手を振って「わかった。もういい」と面接終了。

帰り道、何というバカな答えをしたのか、と悔やんだが後の祭り。これで新聞社への道は完全になくなった、と覚悟した。

六月二十三日、道新人事部から封書が届いた。

「本社記者採用試験に合格し、見習い社員として採用することに決定致しました。ついては七月一日、身分証明書、戸籍謄本と同封の誓約書を持参し、出社されます様、通知します」

ウソだろう！　間違いでないのか。私は合格通知書と私の名前を、何度も確認した。

国境のマチ・根室の初取材

初めての勤務は昭和三十三年（一九五八）の根室支局。国境のマチ・根室は、ソ連が不法占拠する歯舞・色丹諸島からわずか三カイリの指呼の間。豊原ではソ連人と同居、初取材ではソ連側と対峙する根室という、何か因縁めいたものを感じた。

戦前の千島には一万七千人の住民が住み、根室沖の海域はサケ・マス、タラ、イカ、ホタテなど水産物の宝庫で、年間百二十数億円の日本一の水揚げを誇った。

しかし敗戦後の〝宝の海〟は、ソ連領海内。根室・花咲に引き揚げた漁民たちは、危険を承知の命がけの操業に乗り出した。当然ソ連側の捕獲が強まり、昭和二十一年以降、ソ連監視船に捕まった日本漁船は延べ千三百四十隻、九千五百人に上った。ソ連の銃撃で三十一人もの命が失われた。

生活のため出現したのがレポ船で、いわゆる〝赤いご朱印船〟。操業を見逃す代償として、ソ連側が要求したのは、毎日の日本の新聞、根室署、根室海上保安署の職員名簿、電気洗濯機、冷蔵庫、レーダーサイトの自衛隊の配置、米軍駐留の実態など、年々エスカレートしていった。

対抗して日本の公安当局も、抑留漁船員から千島周辺のソ連監視船の行動パターン、国後島のソ連飛行場の規模など、日ソ間の情報戦は華々しいものがあった。

問題が起きた。レポ船の横行で、中には巨万の富を築き、大邸宅を建てる船主が現れた。密漁摘発に乗り出さざるを得なくなった日本側に厚いカベが立ちはだかった。

密漁事犯として漁業法違反で立件、送致した釧路地裁の判決は、「千島列島はソ連の占有、支配下にある。日本の漁業法は、日本の統治権が及ぶ海面に限られているため、不法行為として罰することはできない」という。

それでは密漁を黙認するのか、と強い批判が起きた。その後の控訴審が開かれた札幌高裁は「漁業法の効力は統治権が及ぶ海面には制限されない」とし、一歩前進した。しかしソ連の北方領土占拠については、法的見解を述べなかった。

レポ船はソ連側に情報を流し、見返りに豊漁を保証してもらうのだが、いわばスパイ行為だ。そこにもう一つの目的を見出したのが、日本の反戦グループだ。

当時、ベトナムから反戦脱走米兵が数人、日本にかくれ住んでいた。反戦グループは、彼らをレポ船に乗せ、ソ連側に送り込む根室ルートを確立、実際に二、三度の脱走を手助けした。こうした実情が、新聞に大きく取り上げられ、根室は全国から注目を集めた。

こうした国境のマチならではの日本、ソ連、米国にまたがる複雑な国際問題を取材し、初赴任としてはとてつもない緊張下、やりがいのある報道に恵まれた。

緊張した取材とは別に、懐かしい思い出もある。その一つ、以南サケ・マス第一船の帰港は、テレビも含め全国ニュースだ。花咲港で帰港を待ち受けていた。ようやく接岸した漁船からいきなり「ブンヤー、持ってケッ」とドナリ声で、大きな魚体が飛んできた。一尾や二尾でない、何尾もだ。「危ない、止めてくれ」と逃げながら、夢中でシャッターを切った。今では考えられない豊かな時代。

当時は、急がない地方版用の原稿、写真は〝バック便〟といって、最終列車で札幌送りした。私は新人なので、先輩二人の記者が書き終えるのを待ち、駅にバック便を出す役目だ。

あとは真っすぐキャバレーへ。サケ・マス景気にわき分厚い札束をにぎった漁師たちで、キャバレーは連夜、大にぎわい。深夜、冴えない格好で、しかも疲れ切った顔でやってくる私に、同情したのだろう。「オーイ新聞屋、こっちサ来て飲めッ」と言う。こうして私は、毎晩のようにタダ酒をおいしくいただいた。

黄金時代の釧路サツ回り

新聞社は〝人が財産〟だという。逢うべき人に逢えた、と実感した。終生の心友となった合田一道氏と出会ったのは、昭和三十七年（一九六二）四月、釧路支社報道部に勤務してからだ。合田氏はサツ回りキャップで、私を含め警察担当は四人。つらいこと、抜かれたこともあったが、それにも増して友情の絆を深め合い、抜群のチームワークだった。

釧路は事件のマチ。当時の新聞の見出しを拾ってみる。「暴力団員、市民にインネン・たかり」「刑務所受刑者、ナタを持って脱走」「老人、内妻をマサカリで殺害」「市中、漁船員三人刺し殺される」「地裁所長公宅にうらみの放火」「別れ話からダイナマイト無理心中」「マサカリで老夫婦惨殺」——。

こうした事件が報道され、「無法のマチ・釧路」とセンセーショナルな見出しもあり、まるでアメリカ西部開拓時代の様相。市民や観光客から釧路は無法地帯——と不名誉なウワサも広が

休刊日には、報道部全員で家族ぐるみの慰安会を催すなどして、
友情の絆を深めあった

り、釧路署は暴力行為一斉検挙や市内じゅうたんパトロール強化に懸命の努力を続けた。

こうした殺伐とした事件とは別に、変わったケースもあった。残暑厳しい春採湖に、両手と両足を荒縄とコンクリートブロックでしばり、腹部がガスで異様にふくれた死体が浮かび上がった。どう見ても殺人だ。

司法解剖したが、どこにも刺し傷や致命的な打撲の跡も見当たらない。身元が割れて、この男性は若い大学生。聞き込みの結果、大学生は失恋で自暴自棄となり、現場の春採湖の傍らで自分の手足を荒縄とブロックでしばり、引きずりながら入水したものとわかった。

純情なこの男の心情に同情はしたものの、失恋したくらいで壮絶な自殺を決行した勇気?に、言葉をのんだ。

住宅街の真ん中にある釧路刑務所に、一カ月近くにわたり、五十箱ものたばこが塀越しに投げ込まれた。手口は大きなマリの中にたばこを入れ、切り口をノリで張り、マリごと投げ入れる。または細長い木材をくり抜き、巧妙に中に隠し入れ一見、古木材のように見せかけたものもあった。

結局、犯人は捕まらなかったが、見つけても刑事処分ができない盲点をつかれた。刑務所側は、火災予防を旗印に、夜間のパトロールを強化するしかなかった。

念のいった強盗事件があり、あとあとまで釧路署の語り草となった。市内の雑貨商に深夜、強盗が押し入り、夫婦をしばり上げて手提げ金庫を奪って逃げた。

ところが一、二時間後、再び舞い戻り「金庫に金がなかった」と、しばった夫婦の縄をほどいた。そして犯人・夫婦の三人共同で、室内をあらいざらい探し回り、現金と金目のものすべてを盗り、また夫婦をしばり直して逃走した。

二度も同じ店を襲うシツコイ強盗、それにしても、脅されたとはいえ、夫婦も犯人に協力、自分の家を徹底捜索するとは——。刑事たちは被害者なのか、それとも共犯行為になるのか、首をかしげざるを得なかった。

刑事と私たち新聞記者は、いまでは考えられないほど一体感と親密さを保っていた。事件を追っての互いのデータ交換も、たまにはあった。当然、捜査の秘匿、犯人しか知らない秘密の暴露は、書かない仁義と信頼は築いていた。

隣りマチ標茶町の松林に、詐欺で捕まえた男が「実は死体を埋めた」と自供した。私たち記者と刑事たちは、連日雪深いカラマツ林をスコップで掘り続けた。

しかし数日しても死体は発見できず、犯人のガセネタか、もしくは警察側の自白の強要かと思われた。

自白から三週間後、捜査打ち切り寸前、ついに凍結死体を掘り出した。〝死体なき殺人事件〟も解決、ホトケも浮かばれる、と刑事たちと大いに祝杯をあげた。

多様な死と向き合う事件記者

事件記者として、さまざまな〝死〟と向き合わざるを得なかった。溺死、焼死、轢死、い死（首吊り）、頭部粉砕（事故）など。仕事と割り切ったせいか、嫌悪感より取材の方に気持ちが走った。しかし、子どもの死だけは、平静を失い、やり切れなかった。

霧の幣舞橋で、バスが濃霧のため発見が遅れ、幼女をひいた。バス後輪に押しつぶされた顔はヒョウタンのように長く伸び、大きく開いた頭部の穴から、脳ミソが路上に飛び散っていた。知らせで半狂乱になった母親は、現場に着くなりいきなり這いずり回り、割りバシで脳ミソを拾い始めた。わが子の名前を絶叫しながら這い回るむごい光景に、駆けつけた警察官らも、立ちすくんだ。

そのあと、私は被害者宅を訪れた。死んだ幼女は知的障害者だった。薄幸に生まれ、短い人生を悲惨な死で終わった幼女。母親の号泣が部屋中に響き、いつまでも耳に残った。

もう一つの経験は、母子家庭の火災。夫を交通事故で失い、母親は生活保護を受けながら、近

亜璃西社《ありすしゃ》の読書案内

北海道の歴史がわかる本

桑原・川上 著／石器時代から近現代まで、約3万年の北海道史を、52のトピックスでイッキ読み！　気軽にどこからでも読める、道産子必読の歴史読本。

四六判・368頁／本体1,500円＋税

北海道の古代・中世がわかる本

関口・越田・坂梨 著／2万5千年におよぶ古代・中世期の北海道を、32のトピックスでイッキ読み！ 考古学＆文献史学の専門家がコラボした初の入門書。

四六判・248頁／本体1,500円＋税

時代小説で読む！北海道の幕末・維新

鷲田小彌太 著／北海道の幕末・維新期を舞台にした時代小説を、北海道出身作家の作品を中心に幅広く紹介。物語を愉しみながら歴史に親しむブックガイド。

四六判・176頁／本体1,600円＋税

議会に風穴をあけたやつら、その後

陽太千裕 著／地方議員の活動を長年追ってきたジャーナリストが、道内地方議員たちの実像をルポ。発想力と行動力で地域に新風を吹き込む姿を活写する。

四六判・144頁／本体1,500円＋税

ほっかいどう映画館グラフィティー

和田由美ほか 著／今はなき昭和の映画館から現役の劇場まで、全道71館をイラストで紹介。当時の映画ポスターをふんだんに使い、オールカラーで追想する。

四六判・200頁／本体1,800円＋税

ほっかいどうお菓子グラフィティー

塚田敏信 著／明治から昭和にかけて道内で生まれたローカル菓子を、お菓子博士が独断でセレクト。道産子が愛してきた約60品を紹介した「読むお菓子」。

四六判・240頁／本体1,400円＋税

さっぽろ味の老舗グラフィティー

和田由美 著／札幌で25年余り愛され続ける飲食店69軒をセレクト。歴史や味の秘訣、店の肌ざわりをご案内。巻末には作家小檜山博さんとの対談も収録。

四六判・168頁／本体1,400円＋税

さっぽろ昭和の街角グラフィティー

浦田久 画・文／昭和ヒトケタ生まれの著者が描く昭和20〜30年代の消えた街角。そのスケッチに往時の回想と現在の写真を添えた「札幌再発見の書」。

A4変型・176頁／本体3,200円＋税

北海道 地図の中の鉄路

堀淳一 著／地図エッセイの名手が、新旧地形図のべ200枚で道内全線を走破！ 乗り鉄歴80年の知見から、独自の視点で車窓風景の知られざる魅力を綴る。

A5判・432頁／本体6,000円＋税

亜璃西社　〒060-8637 札幌市中央区南2条西5丁目メゾン本府7F TEL 011(221)5396／FAX 011(221)5386

くの居酒屋の掃除婦として働いていた。電気料も払えず、夜はローソク生活だった。

母親代わりの七歳の長女は、五歳、三歳の妹たちのため、毎夜の食事作りと、勉強や絵本読みにかかりっきりだったという。この夜、長女は連日の疲れからうたた寝し、枕元に置いたローソクが倒れたのに、気づくのが遅かったのだろう。

焼け落ちた家の横で、ムシロの上に置かれた三人の焼死体。知らせで駆けつけた母親は、手足も焼失、真っ黒に炭化した亡きがらを見て卒倒、救急車で運ばれて行った。

折から小雨が降り出した。まもなく雨に濡れた小さな亡きがらから、線香のような細い三本の白煙が立ち昇った。白煙は上空でゆらぎ、からみ合いながら夜空に消えた。私にはそれが、三姉妹が仲良く手をつなぎ、天国へ駆け上がって行ったように思えた。

天国へ消えていく子どもの魂とは逆に、空から降ってくる死もあった。

私たち事件記者は、道警釧路方面本部も取材エリア。管内の事件・事故もカバーしなければならないし、大事件であれば現地へ飛び、応援取材する。

昭和四十一年（一九六六）九月、道内有数の観光地・弟子屈町で、珍しい事件が発生した。観光客から好評だった町営の遊覧セスナ機が、上空三百メートルで火災を起こしたのだ。

このセスナ機には、ある男性と、前夜知り合ったホステスの二人が乗客。事故のあと、パイロットの話を総合すると、上空に達し遊覧飛行を始めようとした時、急に男がしゃがみ、ライターで座席に火をつけた。

驚いたホステスは、悲鳴を上げ機外に身を乗り出して死のダイビング。もちろん地面に激突死した。

パイロットは緊急着陸を試み、滑走路にタッチダウンした際、男は走行中のセスナ機から機外へ、転がるように飛び降りたという。

パイロットは首に火傷を負いながら消火、セスナ機は後部座席の炎上だけで食い止めた。

急報を聞いた弟子屈署は男の行方を追ったが、間もなく飛行場から一キロメートル離れた鐺別川で、水死体となって発見された。近くの松林に、男のズボンのバンドと、木によじ登った跡があり、首吊りをはかって失敗し、ついに入水を遂げたようだ。

男は千葉県内のホテル経営者。経営に行き詰まって行方をくらまし、北海道に死に場所を求め、例を見ないセスナ機を巻き込んだ無理心中を決行したとみられる。

疑問が出た。墜落死したホステスは、男がセスナ機から押し出したのではないか。つまり殺人容疑だ。もう一つは、上空の飛行機から、人が簡単に飛び出せるのか、という疑問。

弟子屈署は、同型のセスナ機に報道陣も乗せて、異例の〝機上検証〟をした。

テスト飛行の結果、セスナ機はある速度である角度で旋回すると、遠心力が働き、女性の手でもドアが開けられることがわかった。

しかし弟子屈署は、この可能性について報道しないように頼んできた。これを知った遊覧客が、飛行中に試みる危険があるからだ。私たち報道陣は「女性がなぜ機外に出られたのか、疑問を引き続き捜査していく」とアイマイな表現で報道して終わりにした。

厳しい警察社会

記者と警察官は、不思議な関係だ。双方とも寝食をいとわず、捜査と特ダネに奔走するというイメージが強い。警察側の捜査の秘匿に対し、追及する記者は、時には敵同士になり、ケンカ腰にもなる。

しかし、過酷な仕事はお互い認め合っており、底流には同情心もある。だから家族の運動会にはお互いに顔を出し、差し入れもする。若い警察官や記者たちのそれぞれの結婚式には、必ず来賓として招待され、時にはオーバーな祝辞を強要される。

警察官の中でも、刑事は特に悪に対する正義感が強い。こわもての刑事も、ひと皮むけば、人情家が多く、涙もろい。そこが多感な記者たちと、深いキズナと友情が生まれるのかも知れない。

その正義感が強いはずの警察官が、なぜだ?と思うような事件を起こした。昭和四十一年(一九六六)六月――釧路署の留置場係巡査(四一)の汚職収賄事件。この巡査は、留置されている被疑者の妻のもとを訪れ、「金を出せば保釈運動をして釈放できるようにしてやる」とだまし三万五千円のワイロを受け取った。現実にはあり得ないことだが、ワラをもすがる女性の心理につけ込んだ。

また別の商店主に「お前の横領がバレ、近く逮捕される。オレがうまくやってやる」と、実際には出来ない幼稚なだましで、捜査上の秘密を漏らし、情報料として金を受け取り、酒食のもてなしまで受けた。

ショックを受けた道警本部はただちに管理官を派遣、厳しく実態調査に乗り出した。これが公表されると、信頼にそむいたとして市民の批判が高まり、警察官の〝質〟にまで大きな論議を呼んだ。

記者たちと釧路署の関係も、険悪なものに一変。冷たい空気が流れ、報道規制の雰囲気に満ちた。気心知った警察官とも、口数が少なくなり、避けるようになった。

なぜ彼が法を侵したのか、動機を知りたく、最も親しい刑事に取材を重ねていくうち、深刻な実情が浮かび上がってきた。

この巡査は元刑事。熱血漢で優秀な仕事ぶりは、同僚たちも認めていた。しかしある事件で、徹夜につぐ徹夜で疲れがたまり、調書も思うように書けず、スピードも落ちた。これを目に留めた上司が、厳しく叱責、思わず巡査は感情的な言葉を返してしまった。厳然たる階級社会の警察で、上司に暴言に近い反発をすることは、かなりの勇気と、見せしめの代償を伴うのを覚悟しなければならない。普通のサラリーマン社会より、過酷な仕事を要求されるだけに、規律のタガは絶対だ。

反抗的な態度、と取られた代償はすぐやってきた。地下室の「留置所係を命ず」。つまり看守だ。悪いことは重なるもので、追い打ちをかけるように極度の弱視になった。これまでの過労が原因だった。

留置所係の仕事は、酔っぱらいや暴行など、粗暴犯の監視と、出入りの帳簿づけくらい。以前は、さっそうと肩をいからせ被疑者を引き立ててきた花の刑事とは雲泥の差。本人には屈辱とも思える職場だ。夫婦仲も険悪となり、家に帰っても、冷たい空気があるだけ。将来に希望を失い、自殺未遂まで起こし、ヤケになって泥沼に首を突っこんでしまった。

法を侵した巡査は、元同僚の刑事から厳しい事情聴取を受ける。出所しても、あざけりと、無職の失意の人生を送るだけだ。上下の厳しい階級社会に、少し反抗したばかりに、転落の道をたどることになったあわれな末路に、言うべき言葉もなかった。

私はこの取材ほど気の重い経験はなかった。親しかった警察官とも、ギコちない関係がしばらく続いた。しかし記者会見で、この巡査の罪状と実名、顔写真まで提供する道警の峻厳たる姿勢に、逆に警察に対する信頼感も生まれ、身を正す思いがした。

暴力団とのお付き合い

今まで見たこともない広告が、道新に掲載された。少し長いが、文体も変わっているので、全文を紹介する。

○○連合会会長として斯道に身を委ねて、任侠の道を精進させていただき、大過なく今日に到りました。しかし私も近年、健康を害し、時に時世の移り変わりを感ずる所もあり、引退を決意致しました。私の引退が良い意味で社会のためになることと考え、今後は社会の平和と発展に微力を捧げたいと存じます。

今後、社会人としての私をご指導、ご叱教を賜りたく、お願い申し上げます。

昭和三十九年十二月　○○組親分

昭和三十九年（一九六四）秋に「ぐれん隊防止条例」が施行され、これに伴って札幌本社社会部が中心となり、キャンペーン企画「あがく暴力団」を連載した。

当時、道内の暴力団で組員がいちばん多いのは札幌方面。ついで旭川、函館で、釧路方面は四番目。それでも二十六団体、構成員は七十七人いた。

私もバックアップ報道で、市内の親分と面会、原稿と情報を社会部に送り続けた。この時の接触が原因で、あとで思わぬしっぺ返しがくるとは、想像もしなかった。

「追放キャンペーン」は、全道版だけでなく、それぞれの支社も単発で展開した。釧路でも、「別の名で歌謡ショー」「公共の会館を無料使用」「トバクで一斉摘発」などを掲載した。

ちょっとした出来事もあった。市内の共栄交番（繁華街のど真ん中）が荒らされている、という連絡。行ってみると交番備え付けの事件受理簿に「朝から待ったが、ポリ公はだれも来ない。マジメにやれ、バカヤロー」と乱暴な走り書き。机の上にあった六法全書、書類は床にバラまかれ椅子も飛んでいた。チンピラの腹いせだが、りっぱな器物損壊罪。

思わぬ連絡がきた。前段の広告が載って間もなく、市内のある一家の親分からの呼び出し。「キャップ一人だけ来所されたし。サツなど他言無用」。正直いって震えがきた。

サツ回り同僚から「私も一緒に同行する」「警察に一応連絡しよう」の声が上がった。私は「一、二時間して戻らなかったら、サツに連絡を」といい残し、出頭した。

親分の言い分は二点。

「なぜわれわれを目のカタキにするのか」「道新は金が入るなら、何でも広告に載せるのか」目のカタキについては「誤解だ。違法行為が明らかになれば、組員であるか否かは関係なく、一般市民も断固、記事にする」と突っぱねた。

広告の件は「広告局の判断で載せた。われわれ編集部員に対しても連絡はなく、あずかり知らぬ」と答えた。同じ道新内部で意思疎通は計らないのか、と反論を覚悟したが、それ以上の追及もなくホッとした。

そちらで呼び出したのに「せっかく来たのだからゆっくりしてくれ」と言う。そして最後に、やはり追放キャンペーンとやらを、今後も展開するのか、と訊いてきた。「あなたたちの態度しだいだが、くわしくは編集局長に聞いてくれ」と応じた。

全体として威嚇や暴言も、いきり立った場面もなく、穏やかなムードは意外だった。

記者室に〝生還〟した私を、心配していた同僚はもとより他社も拍手で迎えた。何か、刑務所からの出所祝いの気分で、面はゆかった。

それにしても道新の広告は、他社の話題を呼んだ。「時世の移り変わり」はキャンペーンを指しているのは明らか。少しは浄化作戦の効果があった、と自画自賛した。ただ気になったのは、「今後は社会の平和と発展に微力を」の文面。一体、何をやってくれるのか、興味深く思ったものだ。

戦争の亡霊など――最後の事件

記者は当然、事件現場に急行し、自分の目と耳で見た事実を報道する。読者はそう思って紙面を読むのだろう。しかし現場に行かず、まさに「見てきたような事実」を書いて、堂々と紙面を飾ることもある。それを体験するハメになったことがある。

昭和四十年（一九六五）十月五日。私は次女の誕生で、久々の休暇をもらい、実家の札幌にいた。その時、起きたのが釧路の〝炊事遠足爆発事故〟だ。

秋晴れの新富士海岸に遠足にきた共栄小の児童たちが正午、炊事のため拾った流木に火をつけたが、突然大きな爆発と黒煙が舞い上がった。流木の中に旧日本軍の爆雷が混じっており、爆発したのだ。

焚き火の傍にいた児童四人は即死、周囲の児童二十六人の体内に、鉄の破片が突き刺さるという大惨事だ。

私は電話の知らせで、本社の社会部に駆け上がった。デスクの傍に、簡単なデータと新富士海岸の見取り図があった。デスクは「何でも良いから書きまくれ！」という。こんな大事故は、当然紙面の大トップで、社会面は緊迫感のある読ませる記事でなければならない。

私は脂汗を流しながら、少ないデータを基に書きなぐった。そばに立った整理記者は、ザラ紙一枚書くごとに引ったくる。最後は、海岸の見取り図だ。やっと夕刊に間に合った。

次にデスクは「朝刊用のサイド記事を書け」と指示した。少し説明すると、事件そのものの骨子を書き込んだものを〝本記〟。サイド記事とは情況描写を入れ、被害者の心情まで推理した〝読まれる記事〟のことだ。


炊事遠足の楽しげな子どもたちの歓声は、一瞬のものすごい爆発でかき消された。黒煙の中に舞い上がった数人の子どもたちは、やがてスローモーションのように、ゆっくり落下してきた。


もちろん現場にいた訳ではないが、全くのデタラメか、というとそうでもない。現場に駆けつけた記者が、目撃者から聞いた模様を書いたのだが、それにしてもまずい文章だ。

ともかく全国的なニュースとして大きく報道され、テレビでは現場の穴が開いた焚き火の跡、散乱したナベ、児童の赤いマフラーなどがマザマザと映し出された。また体に鉄片が突き刺さった児童たちは、何度も手術が繰り返され、治療は半年間にも及んだ。

　翌日、休暇を切り上げ、早々に釧路へ帰った。そして一㌻の特集面を書いた。原因として新富士海岸の沖合いには、米軍の指示で旧陸軍の弾薬など八千㌧も海中放棄していたのだ。いわば、予想された危険地帯でもあった。

　事件は不意打ちを喰らわすだけでない。戦争中の亡霊も、忘れた頃にキバを剥いて襲いかかる。

　事件を報道するたび、要領よいリードの書き方、冗漫にならず、ダブりを避ける記事など、ひとつ一つ勉強にもなった。

心臓移植

その日、札幌はムシ暑かった。

昭和四十三年（一九六八）八月八日。各新聞社とテレビ局に午後一時すぎ、一斉に電話が鳴った。

札幌医科大学付属病院から「本日、午後二時半から和田教授の記者会見を行います」という簡単な内容。和田寿郎胸部外科教授は四十六歳。ハーバード大学などを経て教授になって十年目。すでに心臓人工弁移植の手術例は日本最多で、「ワダ弁」と、医学界で広く知られていた。

私は北大、札医大など各大学を担当する社会部員、応援の若手記者と札医大に駆けつけた。各社はよく記者会見を通告してくるだけに「目立ちたがりの常連さん、犬の心臓移植でも成功したんだろう」とのんびり構えていた。

和田教授が主任の胸部外科は、ちょうど開設十周年の記念すべき年に当たっていた。現れた教授の白衣は、いま終わった手術の返り血なのか、灰色ににじみ出、特長のギョロ目で記者団をねめ回した。

やおら日系人のような妙なアクセントで「今朝、二人の若者の胸中切開心臓全置換手術を行いました」と。各社は一瞬、黙り込んだがやがて一人が「それは人間の心臓移植のことですか」と質問、「その通りです」と胸を張った。それからは大混乱、私は若手に「すぐ本社に電話だ！」と叫び、各社はどっと教授に殺到した。

世界初の心臓移植手術は、前年の昭和四十二年十二月三日、南アフリカでバーナード教授の執刀で行われた。男性患者は十八日後、肺炎で死亡したが、バーナード教授は「人体実験ではない。あくまで病人に対する治療だ」と発表した。

それからわずか半年余りの快挙で、日本中の驚きの目が札幌に集中した。最初の心臓移植から半年間、世界各地で手術例が報告されたが、いずれも生存率は低く、疑問視する声も出ていた。

快挙の声とは別に、やがて教授のオペに対する疑問も出始めた。一つは教授がドナーの両親に承諾を求めたが、両親とも強く拒否していたのだ。のちの取材でわかったが、教授は「息子さんはすでに死の領域に入った」と強く説得し、父親は「同意せざるを得なかった」という。

もう一つは、身内からの反発。移植を受けた青年の治療を直前までしていた担当の内科医は、「彼の心臓は、移植しなければならないほど重篤（重態）ではなく、内科治療で十分快方する」という爆弾発言だ。

心臓移植の成否は、術後の拒絶反応をいかに抑えこむかによる。免疫抑制剤でこの反応を抑え過ぎると、感染症になりやすく、抵抗力も失われ、死に至る。つまり拒絶反応を抑え込む免疫抑制剤をどう調整するか、それによって生死が別れる。

記者会見は実に一日五回。日本中から殺到した新聞社は十二社、そのほか、雑誌、週刊誌なども加え取材陣は三百人余りに達し、教授は記者団の代表に私を指名した。会見の設定、両者の質問・解答の伝達と調整など、本来の取材とは別の苦労を強いられた。

彼の会見はアメリカ仕込み。「レシピエントの宮崎信夫君の顔は、ドス黒い皆さんよりはるかに血色が良い」「今朝はスイカと桃を食べました」「今日は宮崎君の心音録音テープを持ってきたので、聞いてください」と、話題提供にソツがない。また私と朝日新聞の二人を代表として、無菌室の宮崎君と短時間、会見を許可、その内容を記者団に発表させた。

記者団の取材攻勢はすごく、札医大は二階の広い会議室を、記者たちの宿泊場に開放した。東京からは大宅壮一、吉村昭、後藤正治など著名な作家たちが来札、深層取材の後に『心臓移植に賭けた男たち』『神々の沈黙』『消えた鼓動』など、秀れたノンフィクション作品を世に出した。

苦い思い出もある。教授のオペに疑問を抱く医師を探し、身内のW整形外科講師を見つけた。早速インタビュー、私が取材目的を説明しようとしたら、それを制して、

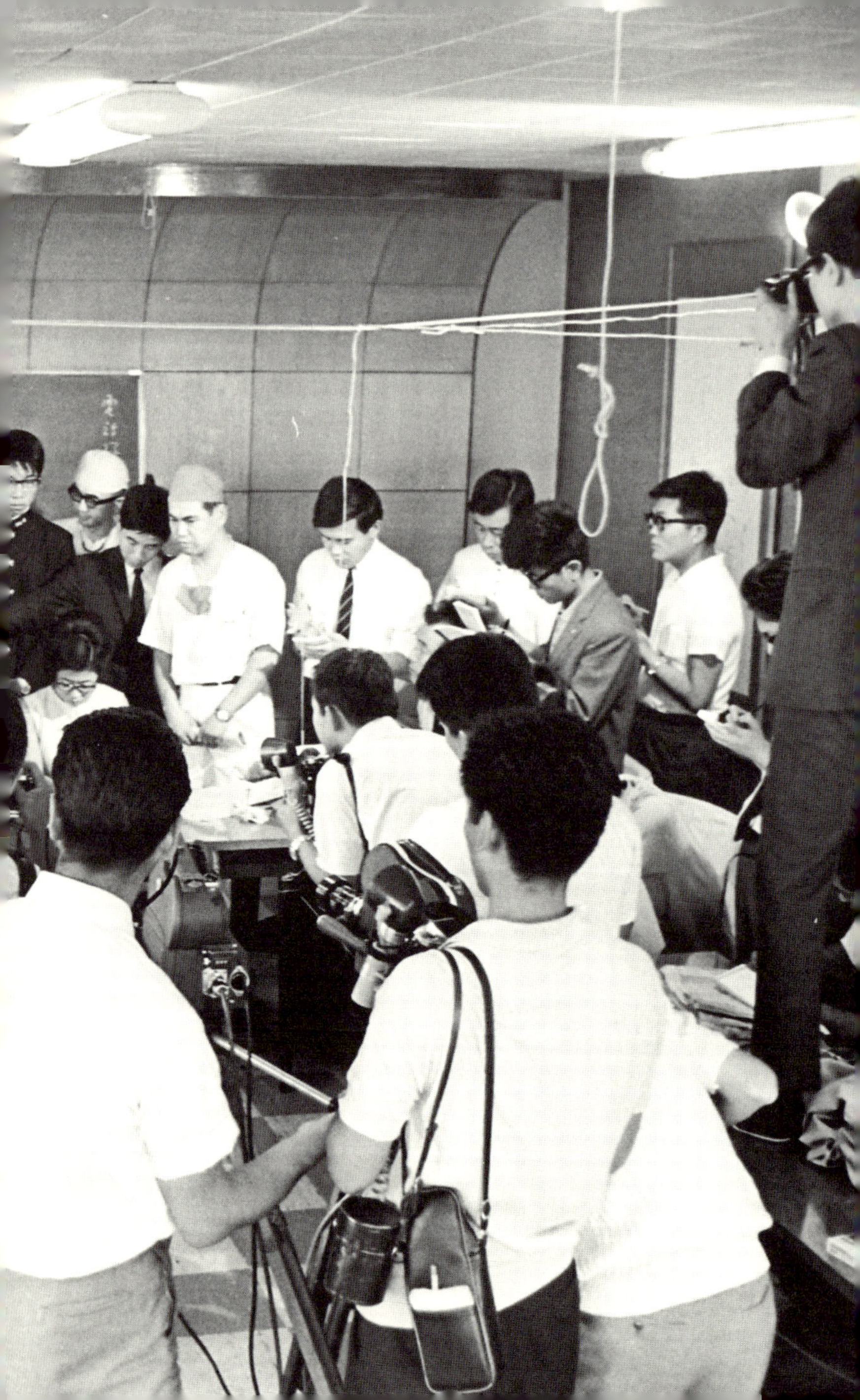

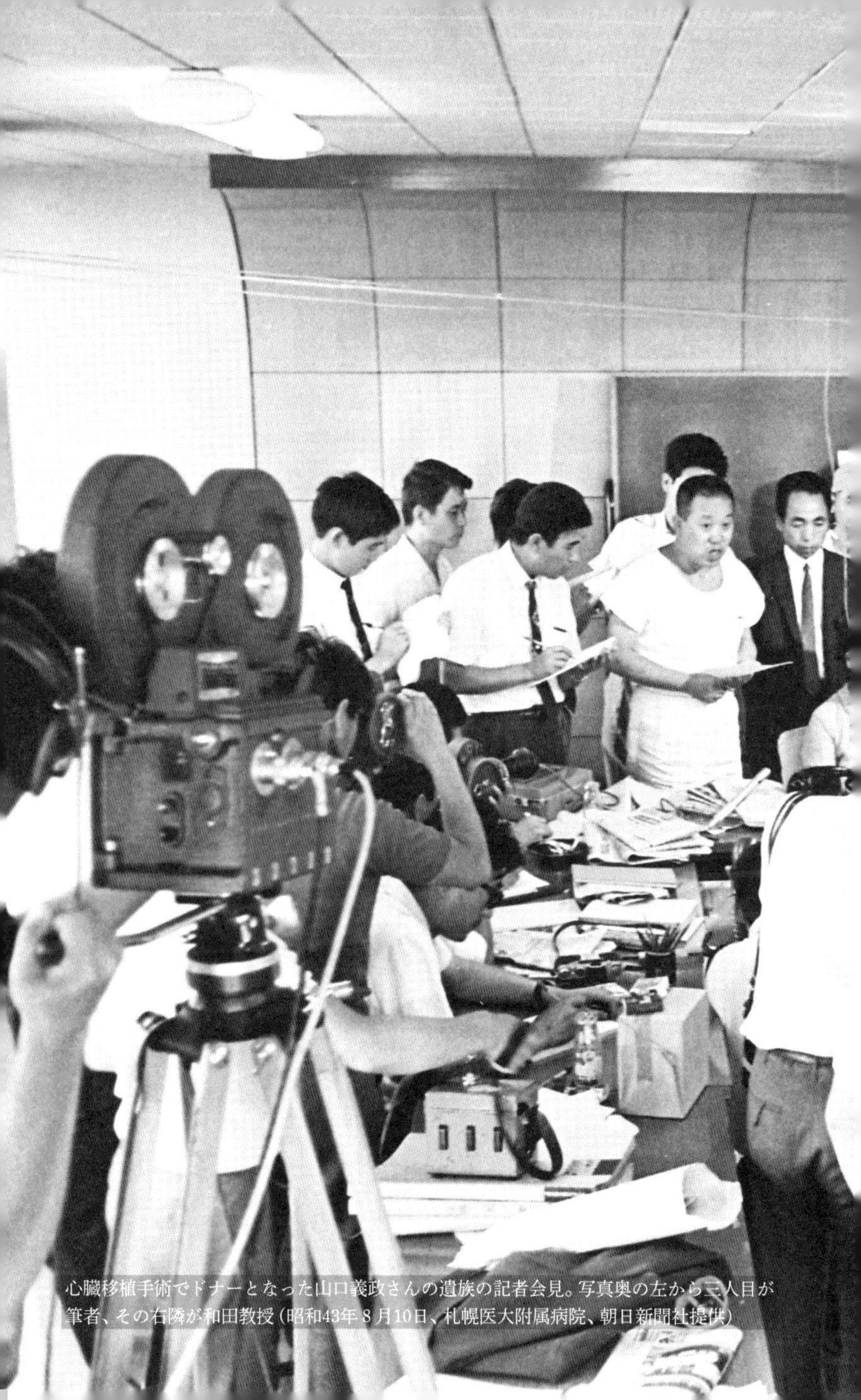

心臓移植手術でドナーとなった山口義政さんの遺族の記者会見。写真奥の左から三人目が筆者、その右隣が和田教授（昭和43年８月10日、札幌医大附属病院、朝日新聞社提供）

「道新サンは、私のインタビューにいくら謝礼を出してくれる」といった。

何とか取材を終えたが、質問を茶化し、医師として真摯な言動はみじんもなかった。応分の謝礼を払ったが、W講師の談話は一切、紙面に載せなかった。

W講師はその後、有名作家のノンフィクション作品が発表されたのに便乗して『小説心臓移植』を発表した。しかし、これが札医大の内部を抗争劇に脚色、誇張し過ぎると厳しい批判が巻き起こり、いたたまれなくなって札医大を去り上京、小説家を目指した。

一方、和田教授の苦い体験も聞いた。二、三年前、東京の心臓外科学会で、熊の心臓を犬に移植した実験例を報告したが、会場は爆笑に包まれた、という屈辱的経験だ。

親しくなった？彼から意外なことを打ちあけられた。取材を重ね、オペ室から出てくるのを待ち構えていた時、医大関係者の専用トイレに入ったのを見て、構わず駆け込んだ。

一緒に立ち並んだ私を見た教授は、疲れ切った弱々しい口調でいった。

「亀山君、北海道の医者は、東京では田舎者扱いだ。学会での発表も、中央の有名大学病院の医者が最優先。われわれは最後、しかも発表時間もカットされる。オレはくやしかった。ヤツラを見返してやりたかった」

いつも体力、気力十分のスーパードクターの意外な弱音に、驚いた。

結局、移植を受けた宮崎君は、わずか八十一日間の新しい生命を得ただけでこの世を去った。

難関の拒絶反応を克服できなかったわけだが、教授は死因について「気管支炎のため、咽喉にタンが詰まった」と発表した。

オペから三十八年の月日が流れた平成十八年（二〇〇六）六月十八日。私は札医大の講堂にいた。札医大祭が主催する「日本の臓器移植についての提言」の講演会で、ゲストは和田寿郎名誉教授。

八十四歳になった彼は、血色も良く、例の力強いワダ弁で約二時間、日本の閉鎖的体質の医学界を批判、自身の心臓移植に強いプライドを披歴し、最後に後輩への期待を述べた。

「諸君にいいたい。勇気を持ち、優しい心で冷たいメスを握ってほしい」

会場の医学生たちは、立ち上がって盛んな拍手を送った。それから四年後、八十八歳になった教授は、天寿を全うした。

そして和田移植から実に四十六年ぶりの平成二十六年一月六日、北大で初の心臓移植が行われ成功した。三カ月後には、この男性患者は無事退院までこぎつけた。道内にも、新たな移植時代の夜明けがやってきた、としみじみ思った。

楽しい初支局の新得町

社会部記者を五年したあと、昭和四十六年（一九七一）九月、初めての支局長で赴任したのは新得町。支局長は、町の行事には来賓としてヒナ壇に座り、祝辞を述べるＶＩＰ。

自分の判断で取り上げ、自分なりの表現で記事にしたのが、ノーデスクで必ず掲載されるのが何よりも楽しかった。都市では出来ないほど、町役場職員と親しくなった。なにしろ酒豪ぞろい。夜、グイ飲みの酒に、唐ガラシを少しふりかけて飲み、一丁ほど走って酔いを倍加するバカ遊びもした。今でも彼らから年賀状がくる。

隣りマチ清水町に「せせらぎ合唱団」があった。団員は主婦、会社員、学生ら四十八人。熱心な練習ぶりを紙面で紹介し、リーダーの高校教師を全道版の〝ひと〟で取りあげた。

やがて全道中央芸術祭に参加、その成果が注目され、東京の文化会館で〝夢の東京公演〟が実現した。山あいの細い〝せせらぎ〟が〝大河〟に成長、初めの紹介記事を書いた喜びにひたった。

同じ清水町だが、ユニークな内科医（三二）がいた。手術でも完全な再発防止は難しいといわれる胆石症に、予防法を見つけたという。

道内のアイヌ系の人と、ハッカの産地である北見地方の人々に、胆石症が極端に少ないことが分かり、ギョウジャニンニクとハッカが予防に効果的なことを突き止めた。そのデータと実績を本社に送稿したところ、北大助教授の談話付きで社会面トップを飾った。その後、名古屋で開かれた日本胆道疾患研究総会でも発表、大きな反響を呼んだ。

農漁村の花嫁キキンは、全道的な問題だが、新得町でも農家の過疎化の一因となっていた。なかなか若い女性が来ない実態と悩みを、詳しく記事にしたところ、「農村青年の花嫁ヤーイ」の見出しで大きく報道された。

記事を読んだUHB北海道文化放送の撮影クルーが現地に乗り込んできた。町の農産物や、狩勝峠の景勝地など、テレビならではの視野で取材、全国に放映した。

このテレビに、青年代表として同町トムラウシの農家、Aさん(二五)が映像に出たが、これが後で、悲喜こもごもの波乱を呼ぶことになるとは……。

放映の反響がすごかった。彼に東京、大阪、熊本、岡山などから、実に四十九通の写真入りプロポーズが舞い込んだのだ。

驚いたのはAさん。町には独身の農村青年が、約六十人もいる。もしプロポーズの一人と結婚したら、恨みを一身に負うことになる。またプロポーズにハズれた残りの若い娘さんに、何といって断るのか。農作業も手につかず、悩みに悩んだ末に、町に泣きついた。

乗り出したのは平野町長と中村町民相談室長。二人のアイデアでまず、町内の農村青年六十人余り全員の顔写真を撮影。それぞれに履歴、家族構成、年間所得、将来の夢などを書いてもらった。

こうして顔写真入りの〝ひとクローズアップ〟特集を一覧表にして、町の要覧も加えプロポーズしてきた四十九人の娘さんに郵送した。「Aさん一人だけではありません。この中で気に入った人と、文通してみてはいかが……」というわけだ。この〝文通作戦〟も当然、続報として報道した。

私はそれから四カ月後に転勤になったので、何組が実際ゴールインしたかは分からないが、いささかのお手伝いが出来たのか、と思ってうれしかった。

最後に平野町長はいった。

「四十九人の彼女たちの手紙をじっくり読ませていただいたが、興味本位の人は一人もいなかった。いつか町に招待し、見合いをしてゴールインのチャンスを提供したい。結婚しなくても、町の親善大使として活躍してもらいたいと考えている」

一匹狼になって……

支局長勤務を終え、昭和五十一年（一九七六）、再び古巣の社会部に戻った。今度は担当を持たず、どの記者クラブにも所属しない〝遊軍記者〟だという。

遊軍とは、もちろん遊んでいれ、というのではない。逆に自由闊達に歩き回り、徹底した深層取材で、内容、文章ともレベルの高い読まれる記事が求められる、いわば一匹狼のきつい仕事だ。ベテランと見なされたのか、または遊ばれては困るというのか、週一回掲載の「気になる」というタイトルの企画を押しつけられた。

うれしいことに各回、署名記事だが、既報の二番煎じはダメ、もちろん誤報やミスは許されない。しかも社会面の準トップの指定席として、開けて待つという。しめ切り厳守。

第一回目は初冬に当たり、冬にふさわしいネタを探し出し「スキーの深いくつ」と題したキャンペーンを展開した。

ここ二、三年、学童のスキーによる足首骨折が急激にふえた、と聞いた。スポーツ関係者や用品店の取材を重ねていくうち、思わぬことが明らかになった。

根元は四年前の札幌オリンピック。ヒーローたちの観戦で、特に白煙を上げ疾走する回転競技の選手は、格好の良いハイブーツをはいている。これが学童を中心にブームのきっかけになった。

このハイブーツの利点は、レーサーは秒を争うため回転動作をす早くスキーに伝わるよう、前傾角度が強くなっている。難点はプラスチック製なので、硬くて重く、極言すればギプスをつけたままスキーをするようなものだ。

スキーの技術も未塾な学童が、ハイブーツで急回転したら、結果は明らか。ここ二、三年、札幌周辺九スキー場で、学童の足首複雑・粉砕骨折のけが人が、全スキー外傷者の半分まで占めるほど急増した。

道は「ハイブーツの使用には十分注意を」の警告板掲載をスポーツ用品店に呼びかけたが、効果はほとんどない。「お客さんに選択の自由があるので……」という。

スキー連盟も「スポーツメーカーから資金援助を受けているので」と及び腰だ。最後に、市内の整形外科医は「くつの深さは、ふくらはぎの隆起の下端までが限界」と強く警告している、と締めた。

また「ムダな歩道橋」として、お年寄りや身障者に敬遠され、なかには転倒して骨折した実例

中国展入場十万人目の平塚夫妻と左端が筆者（昭和52年7月23日）

をあげ紹介した。そして歩道橋撤去の住民運動や、並行して横断歩道新設への動き、対するお役所仕事の実態なども訴えた。

遊軍記者は、知力、体力をフル回転しなければならず、それだけに、労作をものに出来た時の満足感はひとしおだった。

遊軍をして半年余り後の翌年七月、月寒の道立産業共進会場で「北海道中国展」が開催されることになった。道新と日中友好協会の共催で、期間は三週間。

社からこの専従記者として、毎日常駐してほしい、といわれた。またまた一匹狼。中国展のワッペンを作ったので、毎日話題ものを書く。車で送り迎え、どこへでも自由に使ってよい。記事用の写真は、電話一本でカメラマンがくる、などなど。遊軍時代に比べ、ラッキーと笑いをこらえたが、まもなくこれが思い違いだったことに気づいた。

とにかく広大な敷地に四つの展示会館が点在、毎日テクテク歩いて回らなければならなかったからだ。シンドかった。車が自由に使えるというのは、皮肉に思えた。

紹介記事はまず中国展の陣容。リーダーは旧一高に留学経験のある呂志乾宣伝組組長(なにやら暴力団風?)ら団員六十七人。館内の配置には中国に留学した学生三十人余りが集められ、きれいなユニホームを着た〝中国展ガール〟五十数人が裏方としての活躍を期待された。

開催前日は、報道陣を招いて公開。大国なのだから大げさな表現が良いだろうと、「偉大な隣国」「友好のキズナ、さらに深く」と最大級の賛辞でもち上げた。紙面はすぐ中国に送られると聞いていた。

さて毎日の紙面だ。会場内にある四つの建物それぞれの展示物の紹介から始めた。圧倒的だったのは千五百万円もする象牙《ぞうげ》の彫刻の数々。伝統芸術の美しい両面刺しゅう、有名な天壇のじゅうたん、油田の大パノラマと立体模型、万里の長城の壁掛け、民間交流の大型写真パネル、パンダの記録映画、こうした展示品は一万点もある。

このほか即売会で並んだ中国特産品の紹介、団員たちの活躍と友好の輪、女性団員六人の仕事ぶりと希望を述べてもらう座談会、日中調理師の料理談義、幸運の十万人目見学者など、アノ手コノ手で考えられるすべてを書きまくった。

三週間の中国展はトラブルもなく終わり、入場者は予想の倍、六十万人と道民八人に一人は訪れた勘定。即売会の売り上げも五億円を超える過去最高の大成功のうちに幕を閉じ、無事大役を果たした。

壁で分断された東西ベルリン

ベルリンの壁崩壊の三年前だが、東西ベルリンの実情を見聞できる絶好のチャンスに恵まれた。

昭和六十一年（一九八六）五月、ドイツ観光局招待の日本ジャーナリストのための「ドイツ研修九日間の旅」。ところが出発二週間前、思わぬ事件が起き、中止かどうか、ギリギリまで決まらなかった。

ソ連のチェルノブイリ原発事故だ。研修地の目玉になっているベルリンと、チェルノブイリはわずか千二百キロメートル。札幌—東京間の至近距離。連日、世界の新聞、テレビはヨーロッパ各地の放射能汚染の予想と、風評被害が大きく報道された。またソ連側の核事故対策と予防や処理のズサンさに、強い非難の声がウズ巻いていた。

ドイツ観光局は、余りのタイミングの悪さに頭を抱え、ジャーナリストたちが汚染事故にでもあっては、と中止を考えた。しかし日程も決まっており、断行することになった。

西側の壁と東ベルリンの監視塔を背景にした筆者

自由がないオリの中にいるような母親を返してと叫ぶ男性（左奥）と、息子の釈放を訴える夫婦

いよいよ私たちは、問題のベルリンに到着。ところが旅行中、ぴったり付き添った説明役の観光局職員は「ベルリンはみなさん自由に見てください」と案内なし。

私は好都合とばかり、カメラ片手に単独行動をとった。まず目に飛び込んできたのは、有名なカイザー記念教会（爆撃で全壊をまぬかれたただ一つの教会）の前での署名運動。二十数人の母親たちが「死の灰に国境なし。子どもたちは危険にさらされている」と書いたプラカードを持った反核のアピールだ。カメラに撮り、私も署名した。

ベルリンの西側、米軍のチャーリー・チェックポイントで、異様な光景にぶつかった。手製のオリの中にいた男性は「私は妻と子どもで命からがら東ベルリンから脱出したが、七十二歳の母親は心臓病で連れ出せなかった。東側のオリの中にいるような母親を生きているうちに……」と訴える。

もう一組、抗議のゼッケンを胸にした夫妻。偽のパスポートで逃れてきたといい、「私たちのアピールを止めさせろと、残された息子は、毎日、東ドイツ警察に呼ばれている。もう刑務所送りになったかも」と涙を流した。

東ベルリンのフリードリッヒシュトラーセ駅に、止められたが行ってみた。駅には降りられなかったが、プラットホームには自動小銃を構えた東ドイツ兵が、鋭い目を向け、カメラを指さし、腕をX印にクロスした。見上げると、古びた駅舎の鉄製のハリからドイツ兵が下をうかがっており、緊張が走った。

壁に隣接して建つ西側のアパートの窓には「お前たちも汚染されているのだ」と書いた布地のアッピールが張られ、国境の緊迫した空気を伝えていた。

百九十万人が住む西ベルリンには、外国人が二十五万人。このうち最も多いのはトルコ人で、十一万人も住んでいた。

西ドイツ政府は、下水道工事などの肉体労働を嫌うドイツ人が多く、雇用難になったことから、労賃の安いトルコ人の移民を積極的におし進めていた。現在の移民・難民排除の芽が、この時生まれていたのだ。

下町のスモール・イスタンブールといわれる一種のスラム街を通りかかったので、バス運転手に取材のため降ろすように頼んだ。しかし「徐行はしてやるが、下車しない方がいい」と止められた。麻薬の売買など犯罪者が多くて危険だという。

こうした格差について、西ベルリン市民に聞いてみた。大半は「薄汚いトルコ人は、この国から出て行くべきだ」と吐き捨てた。そのけわしい表情に第二次大戦中、ユダヤ人を劣等民族だとして虐殺した悪夢の面影がよぎった。

外国人排除の機運は年々高まり、現在、問題化している純血を叫ぶネオナチ台頭の原因になったのでは、と思った。

帰国してすぐ、夕刊三面に全ページ特集の「原発事故の不安に揺れる西ベルリンの表情」として、写真入りで報道した。観光局には、〃研修の旅〃の紙面を送る約束をしており、郵送した。彼らは、史蹟紹介などの記事を期待していたようだが、私としては、またとない貴重な充実した取材旅行となった。

大水害と人の情け

ピカッと光る稲妻が天空を引き裂き、大粒の雨が地面をたたきつけた。バケツをひっくり返した、という生やさしいものでない。大砲に似た轟音とともに落ちてくる雨は、顔に矢が突きささったように痛い。土の地面には機関銃に撃たれたように小穴があき、白煙が立ちのぼった。それは悪魔のファンファーレにも思える、集中豪雨の幕開けだった。

二度目の支局長に赴任した留萌で、初めて大水害のこわさを思い知らされた。

昭和六十三年（一九八八）八月二十五日夜、支局横の道路は急流と化し、ドラム缶、ゴミ箱、木材が魚雷のように激突、ドーンという音とともに建物が揺れた。

翌二十六日朝、留萌川がはんらんした。沿岸の住民四千七百人が高台や学校に避難した。支局は市内でも低地にあり、付近の市民は昨夜から避難して無人。乗用車は水没でダメ、逃げ遅れた最後の市民は、建設会社にＳＯＳ、パワーショベルに乗せられあやうく逃げた。

消防車がモーターボートのように急流をかき分けやってきて、「道新さーん、屋上に避難を」

とマイクで絶叫した。支局はついに床上二十《チセン》まで水に浸かった。道新四十三支局のうち、床上浸水の被害は、現在でも留萌支局だけ。

天の神様は、奇跡的にも一つだけ恵みを与えてくれた。支局は私と後輩の二人体制だが、前夜から別の取材で本社生活部からベテランの記者が来ていた。そして各支局調査で、ちょうど立ち寄った先輩記者も。つまりいつもの倍増の戦力になっていた。

水害の取材は、広範囲で困難も多い、現場に行けないケースもあるからだ。電話で警察、消防、支庁、市町村役場、対策本部など取材、刻々と変わる被害情況の本社送稿と、休むヒマもない。

やっと水が引き始め、応援記者はひざまで濁流に浸かりながら飛び出して行った。上空には各社のヘリが飛び騒然としている。

取材は山ほどある。大雨のツメ跡、避難民の実情、水害の被害と補償、復興の対策と見通しなどなど。それらを本社へ送稿する作業に追われ、気づくと、隣接の車庫内のマイカーはエンジンまで泥をかぶり、ついに廃車処分。

被害は留萌川周辺にとどまらず、近郊の河川もはんらんした。こうしてかなりの大損害をもたらした割に、ただ一つの救いは、死傷者が一人も出なかったことだ。

豪雨の二日後、実は留萌管内九市町村を縦断する全国最長（当時）のフル・トライアスロン

床上浸水した留萌支局（右端が筆者）

が予定されていた。

事務局は留萌支庁。選手たちの誘導、エイド・ステーションで飲み水などを手渡すボランティアの大半は、今回の水害で被害者。ゼッケンも全部、泥をかぶった。宿は選手が予約していた市内七軒の旅館も浸水した。コースの下見、開会式も取り止めになった。

大会中止に追い込まれた事務局に、多くの電話がかかってきた。大会の裏方やボランティアの人たちだった。「留萌のため、頑張ってやりましょう」。宿泊予定の約二百人の選手は、無料で引き受けるという。誘導の標識板も完成、二百カ所のエイド・ステーションの設置も、徹夜でなしとげた。

いよいよ本番の二十八日。スタートの増毛湾の水泳から、羽幌町まで自転車、マラソンの全長二三九・一キロメートル。

増毛湾を完泳し、留萌市内の沿道を自転車で次々と疾走してきた選手たち。その沿道に大勢の市民、ボランティアの人たちが、泥のこびり付いた顔で集まっているのに目を見張った。水害をかえりみず、力いっぱい声援を送る市民たち。

普通なら声を上げない鉄人たちは、走りながら片手を突き上げ、次々と大きな声で叫んだ。「水害に負けるな、頑張っていこう!」。手を振って応える泥によごれた市民たちの顔に、やっと笑顔が戻った。私が書いた「被害者たちが支えた鉄人レース」は、翌日の社会面に大きく掲載された。

台風一過、本社販売局から依頼がきた。販売促進用に使いたいので、「留萌大水害、その時支局は……」というタイトルで書いてほしいという。日ごろ目にしない記者の奮闘ぶりを、なるべく詳しくドキュメント風に、という注文。

私は「記者ならだれでもやること」と、初めは断わったが、たっての要請なので、面はゆい気持ちで書いた。

やがてそのＰＲ版を見た読者から、一通の封書が届いた。その中に短歌が――。

水渦の記事読みて写真に報道に
激務を識りぬ胸熱きまで
留萌市　平野佳子

新聞記者をやっていて、良かったと思った。

優秀な日本のソーラーカー

水害の慰労の意味もあったのか、平成二年（一九九〇）十一月、豪州の「第二回ワールド・ソーラー・チャレンジ」の取材が回ってきた。

豪州のダーウィン（北端）からアデレード（南部）まで縦断約三千キロメートル。札幌―沖縄間の距離を一週間かけ疾走するもの。今回のレースには世界九カ国から三十六台。このうち日本からは十一台のソーラーカーが出場した。

初冬の冷え込む札幌と正反対の南半球・豪州は太陽の光まぶしい初夏。しかし気象条件は厳しい。

気温四十度を越す酷暑。熱射の照り返す道路は目もくらむほど。豪州特有の長さ五十メートルもある巨大貨物連結車の通過風圧は、ジェット気流並みで、傍に近づき過ぎると飛ばされる。いつ飛び出してくるか分からないカンガルー、後ろ足でけられると、乗用車でも簡単に穴があく。

これを乗り越える運転技術は、もちろん必要だ。しかし運転席は身動きできないほど狭く、

疾走する各国のソーラーカーと声援を送る沿道の観戦者

サウナ室に長時間、閉じ込められた感じだ。水分補給は、脱水症状にならない程度。過去のレースで、ドライバーの四分の一がリタイヤ、体重も十キログラム近く減ったという。

なぜ、これほどまでに苦労して開催するのか――。それはタイムの勝敗だけでなく、太陽電池の優劣を競う国際的なレースだからだ。

ソーラーカーの原動力は、太陽の光を電力に変換する太陽電池が核になる。走行スピード、走破総延長、持続性などは、太陽光を電力に変換する太陽電池の効率が高いほど優秀なのだ。日本のほくさんは、その変換効率が十九・三パーセントと世界最高（当時）を達成、日本の開発技術はトップ級といわれている。このため、今回のレースには日本から十一台も参加している。

ガソリンに代わる太陽エネルギーの利用は、究極のクリーン・エネルギーと注目されている。このレースはいわば、地球温暖化を救うべく代替エネルギー開発の、世界的な技術競争といえるわけだ。

いよいよスタート。上空にはたくさんのヘリコプターが舞い、外国の報道陣も多い。私はカメラマンも兼ねているので、沿道に陣取る大男ぞろいの外人カメラマンを押し分けるのに、汗だくだった。

レースの結果、日本の本田技研が二位、ほくさんが四位と上位入賞の快挙。日本の太陽電池の技術の優秀さを世界に示したものと、絶賛されたが、もう一つ外国人が驚いたことがあった。

大男ぞろいだった各国の報道陣

それはレースの途中、故障車を見た日本車のドライバーが、後続の伴走車内に待機している技術者に連絡、修理の協力を買って出たことだ。

勝敗をかけた世界的な競技レース中に、こんな救援をする外国人は、まずいない。彼らは「真の優勝者は日本人チームだ」と祝福した。

逆に驚かされたのは、いわゆる〝オージー気質〟だ。当時、豪州の企業、商店での若者の失業率が意外に高いという。経営者たちに理由を聞いて、日本ではまずあり得ない話だと思った。

経営者たちは週末が近づくと、〝魔の金曜日〟といってビクビクするという。若者たちは昼食に出かけ、そのまま会社に戻ってこないケースが結構あるのだ。土曜、日曜日はもちろん、月曜日に連絡があっても、明らかにウソの病欠。

つまりランチで友達たちと話し合い、遊びの計画で意気投合したら、そのまま一直線で行ってしまうのだ。

若者は「ボーナスは出ないし、仕事もキツイ。ちょっと会社が傾いたら、お前は首だと宣告。お互いさまだよ」という。豪州人の双方仕事に対する無情なほどの割り切り方に、考えさせられた。

公平性と人情のはざまで

あの頃、俺たちは事件記者だったⅢ

林 芳朗

眉毛の下の傷跡

北海道新聞社に入社し、初の職場は釧路報道部でサツ回り。独身寮が支社のすぐ裏にあった。便利だったから、呼び出しがしばしばかかった。記者になりたてで仕事が満足にできない分、身軽に走り回るのが役目だった。

支社の前が大通りで、向い側に消防署があった。消防車がサイレンを鳴らして出動すると、夜中でも独身寮からすぐに駆け付けられた。

ある夜、消防署の前を通った時、サイレンが鳴った。消防車の後部には消防マンが立って乗るスペースがある。その時、その後部スペースに飛びついた。少々酒が入っていた。

急いで出動する消防車の面々は、部外者がしがみついていることを知らなかったと思う。最後部に足を載せる幅二十㌢《チセン》ほどの台があり、上部に手でつかまる棒が付いている。サイレンを鳴らし、疾走する消防車。火事の現場に最も早く到着するのにはこれに限るとちょっと得意気だった。

だが、途中に国鉄線路を横切る踏切があった。消防車はフルスピードでそこを突っ切った。車体は大きくバウンドした。急に振り落とされそうになった。必死になって棒にしがみついてなんとか転落を免れた。

火事場で同僚と顔を合わせると、「どうしたその顔。血だらけでないか」と指摘された。踏切でバウンドした時、顔を車体のどこかに強打したらしい。左眉毛の下が裂け、血が噴き出していた。

危なかった。振り落とされていたら、後続の車両に轢かれて命がなかったかもしれない。どう素人が、無謀なことをした報いだ。誰にも報告も相談もできることではなかった。

しばらく眼帯をして傷を隠した。今でもよく見ると、眉毛の下に傷跡がかすかに残っている。軽はずみで、おっちょこちょいな性格は変わらないが、この時の貴重な経験がその後の人生に少しは生きているように思う。

チリ地震津波、突然の襲来

昭和三十五年（一九六〇）五月二十四日朝、何の前触れもなく釧路川の川底が顔を出した。無数の船が砂の上に転がった。得体の知れない異変が起きていた。

地球の裏側のチリで起きた大地震のあおりで、津波が太平洋を渡って突然やってきたのである。そんな事は知る由も無い。ただただ茫然とするばかりだった。

初職場のサツ回りになってほぼ一カ月目。会社裏の独身寮に異変が伝えられた。新米の私は取るものもとりあえず幣舞橋に駆け付けた。普段、なみなみと水をたたえている釧路川の川底が見えているではないか。「何だこれは」と叫ぶ声があちこちから聞こえる。信じられない光景だった。

ほんの少し経って、今度は川水が膨れ上がってきた。川水が海から逆流して、漁船が上流に流され、幣舞橋につぎつぎにぶつかって大きく傾く。途方もない大事件だった。川水は幣舞橋のたもとにある道新支社の裏玄関の床をも水浸しにしている。いまにして思えば、津波の典型的なケースだった。

サツ回りの立場だから、この記事は私が書かなければならないと思った。その一義的な責任は私にあると思ったのだ。でもどうしていいか分からない。余りに事が大きすぎて、何をどう書けばいいのか見当がつかなかった。新米一年生記者ホヤホヤの実感だった。

津波の記事はその日夕刊を埋め尽くした。夕刊だけでなく、翌日の朝刊、夕刊、そして翌々日というように連日この記事で埋まった。会社を挙げての総力戦で、情けないことに新米記者はただ指をくわえて見つめるだけだった。

日銀支店長宅の強盗

サツ担当になって一カ月か二カ月目に、日銀支店長宅に強盗が入った。異様ともいえる捜査体制が敷かれた。日銀支店長宅ということで特別の配慮がされた。発生はもとより事件の詳細が極秘にされた異例の事件だった。

極秘事項だったが、事件があったことだけは分かった。刑事の動きがいつもと違っている。そっとつけていくと、途中から別の所に行く。つけられた、と分かった時点で目的地に行くことを諦めたのだ。それだけ秘密保持に神経が使われた。

やっとのことで日銀支店長宅に何かが起きていることが分かった。さっそく同宅に行く。塀の隙間から覗くと、刑事の姿が見えた。

刑事たちが家から庭に、庭から家へとあわただしく動き回る。話し声まではっきり聞こえないが、慎重にやりとりしている様子がうかがえる。そして、塀の外に私がいることに刑事が気づいた。

刑事の一人が外に出てきた。そして、「これは内緒にしてくれ」と私に頼んだ。すがるような口調である。だが、サツ回りになって日が浅く、初めてと言っていいネタである。内緒にするわけにはいかない。刑事の頼みとあってその場は口を濁したが、私ははっきり「書く」と決めていた。

支店長は出張中で、その留守を奥さん一人で守っていた。なぜ警察が異常なほどの神経を使ったかは分からないが、その特異さから奥さんの貞操が奪われたのではないか、との憶測も出た。

ところが、事件がどんな記事になったか、いまの私には記憶がない。大きな記事になったという記憶がないことから、せいぜいほかのこそドロと同じようにベタ記事になったか、記事にならなかったかもしれない。

警察が極秘にすれば、よほどのことがない限り、警察の情報を基に記事を書く記者の習性から、事件は闇から闇へと消えていくことになるだろう。警察の強い意思が貫かれた事例として、記者の無力さを思い知らされた。いま振り返って、強烈な反省点である。

釧路時代、事件の目撃者から話を聞く筆者（右）と合田記者

副署長の招待

初職場は釧路署を主体としたサツ回り。朝から晩まで、署内をうろつき回っていた。滞在時間が一番長かったのは副署長席の前。副署長は広報の責任者だった。新米の記者に親切に対応してくれた。

ある時、「うちに晩メシを食べに来ないか」と誘われた。NHKの新米記者と同席していた際だった。NHK記者はイケメンだった。背が高く、中肉中背、語り口もソフトで都会風の雰囲気を振りまいていた。私とはライバルの関係だが、仕事以外の分野では、二人の仲は良かった。私の結婚の時、仲人役を他の記者とともに務めてくれた関係だった。

この夜、二人で副署長宅にお邪魔した。手土産を持参する気の使い方は無かったと思う。奥さん手作りのご馳走がテーブルを満たしていた。ビールや酒が出て、楽しい雰囲気が満ちていた。

その席に、高校生の娘が顔を出した。初々しい可愛い娘だった。副署長の自慢の一人娘だっ

各社の事件記者が勢ぞろい。写真後列右端が筆者（釧路署記者クラブ内、昭和36年3月）

た。

いま振り返って思うと、二人のどちらかがその娘の見合い相手に擬せられていたのかもしれない、ということだった。

独身記者が初任地で、結婚相手を見つけるケースは多い。警察幹部の娘が比較的に多いが、飲み屋のホステスの場合もある。

私もＮＨＫ記者も副署長の思惑には残念ながら添えなかったが、もし添えていたら、事件ものの大特ダネを手にしていたかもしれない。

警察の悪口を書く

＊その1

サツ回りはまず警官に好かれなければならない。密着して、気に入られ、いいネタをこっそり耳打ちされるような関係を築かなければ一人前ではない。だが、私は数こそ少ないが警察の悪口を何回か思い切って書いた。新聞記者は権力と闘わなければならない使命がある、といっぱし信じていたからだ。

カネに困って盗みを働く人がいる。その記事を警察発表を受けて原稿にする。そのことに疑念は持たない。しかし、大きな権力を持つ警察の悪事に目をつぶるようだと、不公平だと思った。警察の悪事、ミスはだれが裁くのか。それは新聞記者だろうと思ったのだ。

サツ回り二年目の夏、パトカーが事故を起こした。容疑者を他署に押送中に、大雨で路面がぬかるんでいてハンドル操作を誤って道路脇の立ち木に接触した。容疑者がごく軽いケガをした。署内を回っていてその異変に気付いた。取材を進めると、副署長が懐柔にかかってきた。悪意のある不祥事ではない。悪天候、単純なハンドルミス、容疑者は軽いかすり傷ですんでいる。目くじらを立てるほどではないとも思う。見逃してくれ、というのが警察側の主張だった。最後は署長室に呼ばれた。「頼む」と頭を下げられた。

だが、記事にした。署長は怒った。「お前は納得したはずではないか」と。しかし、納得はしていない。署長の言い分は理解したが、「記事にしない」と約束していない。第一、新米の記者が判断できる性格のものではない。キャップに相談し、デスク、部長の判断を仰ぐケースではないか。

キャップに相談した。キャップは即座に「書け」と言った。これで一抹の不安が消えた。その後日談だが、署長をはじめ署員全体が敵に回った。署内を回ると、みんながそっぽを向いた。署内の記者室に顔を出すのもはばかられた。つらい気持ちだった。

だが、驚いたのはキャップがつらっとしていたこと。普段と変わらぬ態度で署内を歩き回っていた。その豪気さに記者魂の原点を見た思いだった。

*その2

「お巡り、酔客をこづく」という記事が社会面に出た。釧路市内のある交番。深夜酔っぱらってからんだ中年男を、勤務中の若いお巡りが足払いをかけて押さえ付け、軽いケガをさせたものだった。

客観的に見て、悪いのは酔客の方だと思う。だが、暴力はいけない。警察官には、おのずと市民を守る義務と行動面の制約があるはずだ、と思って記事にした。

そのお巡りとは仲良しだった。好意的に接してくれていた。だが、心を鬼にして書いた。それが記者の天命だと思っていたからだ。

サツ回り時代、ヒマな時には交番巡りをしばしばした。一つの交番に勤務者は一人か二人。忙しくない時には記者を歓迎してくれるお巡りがいた。雑談をしていて結構仲良くなれた。

本署からの「手配」が交番に届く。本署で隠していた事案が交番で見られるケースがあるのだ。「見てもいいぞ」と机の上にさりげなく置いてくれるお巡りもいる。重要書類を出したまま、トイレに立ってくれる場合もある。

こづいたお巡りは、記事に書かれたことで一生昇進は望めないだろう。心が痛む。仲良くしてネタも提供してやったのに、と恨んでいるだろう。狭い正義感ゆえに、心ならずも信頼を裏切ったことへの後悔の念がいまも渦巻く。公平性と人情。その相克に悩み続けた記者人生だった。

仲人なしの録音結婚式

私の結婚式は、仲人がいない、幹事が取り仕切る方式で行われた。当時としては珍しいやり方である。キャップの合田さんが中心になり、サツ回りやＮＨＫの酒井記者など記者クラブの面々が幹事役を務めた。

その結果、当然仲人を務めるはずと当人は思っていた報道部長は、むくれて結婚式には出ないと言い出した。幹事らの懸命の説得で、同部長の欠席は回避されたが……。

結婚式はまた異例の形式で行われた。合田さんの発案で、録音が中心になった。あらかじめ発言者の言い分が録音されていた。まず輪転機の音。「これが新郎の勤めている職場です」のアナウンスで始まり、各人の祝辞が続く。各人は事前に新婦の顔を見ないまま祝辞を述べていた。味気ない、ともいえるが、祝辞の順番を気にしないで飲むことに専念出来るという利点もある。とにかく前例のない録音結婚式である。

参加者は新郎の職場の関係が多く、警察関係もたくさん顔を連ねた。総勢で約七十人もいた

自らの結婚式で事件記者仲間と合唱する筆者（右）と左が合田記者

ろうか。録音を聞きながら酒を飲み、祝意を表した。こわもての釧路署刑事課長がそれでも「林さん、おめでとう」とぎごちないが誠意あふれる言葉を録音してくれた。

新郎新婦の入場のあと、発起人が結婚届けに署名するよう促した。結婚届けの署名がすむと、あとは祝宴に移った。

この録音には、ＮＨＫの機械が威力を発揮していた。まさに警察記者クラブの総力戦という感じだった。

この時の新婦のウエディングドレスは、ＮＨＫの森田記者の奥さんのものだった。貸衣装店を探したが、いいものがなかった。垢とおしろいでひどく汚れていたし、貧弱なものが多かった。そこで森田家をずうずうしく訪ねた。奥さんが快く貸してくれた。

森田記者は半年前に結婚していて、その時の着たドレスがそのまましまわれていた。赤の他人に貸したくない、との気持ちがあったかもしれないが、森田夫人は二つ返事で貸してくれた。清楚で気品あふれる純白のドレスだった。

わずかなお礼に対して、それを上回る祝いの品が届いた。

それから三十年後、森田記者と奥さんを囲む食事会を札幌グランドホテルで開いた。森田記者は札幌に在住していて、遅まきながらお礼の気持ちを森田夫妻に表した。

チフスで隔離

昭和三十六年（一九六一）夏、釧路で法定伝染病チフスに罹った。突然腹痛に襲われ、下痢が続き、血便が止まらなかった。やばいと思って、病院へ駆け込んだ。チフスと診断され、そのまま隔離病棟に収容された。新婚早々、サツ回りをしていた時だった。

感染原因は不明だが、もっともらしい噂は、昼飯として釧路署記者室で出前を取ったラーメン屋ではないか、ということだった。

釧路市衛生部の消毒班が記者室、ラーメン店など立ち寄り先を丹念に消毒して回った。また住居として部屋を借りていた「たばこ店」にもやってきて、店主のばあちゃんが「商売に大打撃」とこぼしまくった。

親戚縁者からは「病院に行くから隔離されてしまう。ひそかに抗生物質を飲んで治し、知らんぷりするものだ」と非難された。それもそうだが、伝染病を闇に葬るのがいいのか。

隔離病棟にいたのは一週間ちょっと。女房は毎日、下着や新聞を差し入れてくれた。

下痢が止まれば、体の苦痛はほとんどない。のんびり骨休めの休日が続いた。サツ回りの喧騒から外れて久しぶりに独り悠々自適を経験した。

そしてこの隔離中に、女房は住居の引っ越しを独断で決行していた。

年四回の引っ越し

チフスで隔離されたのをきっかけに、わが家の引っ越し行動が始動し、一年間に四回も住居が変わる事態となった。

新婚当初の住居はたばこ店の二階。独身寮から移る際の条件は、①電話があること②警察署から近いこと、だった。新米のサツ回りにとって、仕事が満足にできないお返しに、身軽に使い走りができることが欠かせなかった。

当時は電話事情が悪かった。電話のある家は限られていた。イザという時に、電話で連絡が取れることが新人サツ回りの最低要件だった。入社一年未満で結婚する以上、どんな犠牲を払っても電話のある家を確保することが必要だった。必死に探した結果、幣舞橋のすぐ向こう、南大通りのたばこ店の二階を借りることが決まった。五十代の女主人が独りでたばこ店を一階店舗で経営していて、空いている二階六畳間へ引っ越した。

女主人は、女房に店番をときどき頼めるという思惑もあったようだ。女主人の布団干しの出し入れなども女房の仕事として当てにされた。

女主人は男の私には優しかった。夜中に電話で呼び出されると、彼女は「いいよいいのよ。何時でも呼び出してあげるから」と笑顔だったが、女房には「夜中もおちおち寝ていられない」とこぼしまくった。しわ寄せは女房へ向いていた。家賃はちゃんと払っているのに、女中さんのような扱われ方に女房の不満は募っていった。

肩身の狭い毎日だった時に、私がチフスに罹った。消毒車がたばこ店にきて、消毒液を大々的に撒いていった。「商売にならない。売り上げ激減だ」と女房に嫌味の言葉が大量に襲ってきたという。

「引っ越そう」。チフスで隔離されている私に何の相談もなく、女房は引っ越し先を探し始めた。そして少々離れた海岸沿いに新築中のアパート「波の荘」を見つけた。たばこ店にいたのはたった四カ月だった。入院中に引っ越し作業が終わっていた。

退院後の住居は「波の荘」だった。一、二階とも六室あり、炊事場は各階に一カ所。この一階六畳間が二つ目の住居となった。一階に同時に入居した四家族(一戸は家族が五人いて、二部屋を使った)との生活は女房にとって楽しいものだったようだ。いまだに付き合いが続いている人もいる。ここに四カ月ほどいた。

だが、私にとって仕事面ではマイナスが大きかった。電話がないし、前より距離が遠くなった。新米サツ回りとしては失格である。やむなく新しい住まいを探し始めて、見つかった。

市役所に近い「設計事務所」の離れのような建物。空いている三室を三家族に貸していた。電話の呼び出しができるのが決め手だったし、場所も「波の荘」よりかなり近かった。

一方で、道営住宅の空き家募集に応募していた。幸運にもそれに当選した。女房は妊娠していて、出産予定は昭和三十七年(一九六二)四月だった。当選したのは同三月。出産にちょうど間に合った。春採湖のそばに立つ四階建、二十四戸の集合住宅。2DKで、トイレは水洗だった。初めて複数室のある住居に住むことになった。天国だと思った。結局、一年間に四つの住居を経験したことになった。

同じ四月に、担当はサツ回りから「市政」に変わった。電話が不可欠の環境からようやく脱したのである。この道営住宅に三年弱住んで、札幌に転勤になった。

太平洋炭鉱の火災事故

昭和三十九年（一九六四）、釧路の太平洋炭鉱の坑内で火災事故が起きた。日曜日の夜だったと思う。家でくつろいでいると、かすかに半鐘の音が聞こえる。私は太平洋炭鉱の担当記者である。タクシーで急いで駆け付けた。

鉱業所の事務室はごったがえしていた。集まってくる記者たちも右往左往している。そこで臨時の記者室が作られた。ここにいたら、情報が適宜入ってくる。便利だ。だが、ここにいては、真相は分からないととっさに思った。自由に動き回る必要があると考えたのだ。

会社の存亡がかかった大事故である。必死の消火活動が繰り広げられた。しばらくして、火災個所を封鎖することになった。坑内を水没させる案である。水が注入された。行方不明者はいないはずだった。

だが、不明者がいたのだ。記者室を離れて動き回っている私に、労働組合の誰かがこっそり教えてくれた。不明者の名前も分かった。それを朝刊に載せた。本紙の見事なスクープだった。

鉱山保安監督官が朝刊を見てびっくりした。会社側は監督官をもだましていたのだ。行方不明者がいると、水の注水よりその救出が優先される。会社側は注水を最優先にしたかったのだ。監督官は顔をつぶされ、私にどこから取材したのかと厳しく詰め寄った。取材先は答えなかったが、会社側の声だけを聞く監督官の習性を精一杯皮肉り、こちらの取材力を誇示した。記者室にこだわらない当方の取材が功を奏した場面だった。

会社側はこの記事を怒った。監督官にこっぴどく叱られたからだ。だがのちほど、私に最大限の敬意を表した。天皇といわれた鉱業所長とは何時でもフリーに会えることになり、私を歓迎してくれた。通常だと、鉱業所長にはなかなか会えないのだが、この事件を契機に所長室フリーパスとなった。ケンカして仲良くなれた典型的な例だった。

その後、同所長は社長になった。会社は東京に本社があったが、東京勤務になった私を社長室で歓待してくれた。

救急当番医の産婆役

釧路市内版の片隅に「今日の当番病院」の欄がある。毎日載っている。この制度が出来たのは昭和三十七年（一九六二）夏頃。市政を担当していて、制度発足の産婆役を務めたのだ。

サツ回りの時、救急患者が病院のタライ回しによって手遅れになるケースにしばしば出合った。パトカーで運ばれたが、医師が留守だったとか、医師が酔っぱらっていて診療不能だった、ということだった。

これを何とか出来ないか、と思い、釧路市医師会長や市役所民生部、釧路署などを訪ね歩いた。医師の立場だと、何時急患がやってくるかわからないと、おちおち酒も飲んでいられないという不便さがあった。輪番制で当番医体制を作ると、その他の日は安飲、安眠ができることになる。医師会長は大変に乗り気だった。

住民への周知は新聞が引き受ける。朝刊のメモ欄に「本日の当番病院名」を掲載する。市役所、釧路署も待ち望んだ制度だった。一記者の発想を元に、関係部署間の調整役として奔走した結果、事は案外すんなり決まった。

制度発足後、市民生部長の音頭で、「林記者をねぎらう会」が市内料亭で開かれた。医師会の会長や幹部、警察署幹部、釧路支庁担当者などが出席し、正面のひな壇には私が座った。記者冥利に尽きた瞬間だった。

釧路

釧路支社　〒085-8655
釧路市黒金町11丁目
報道　☎0154・31・2713
FAX　31・2717
kushiro@hokkaido-np.co.jp
販売　☎　31・2719
広告　☎　31・2724
事業　☎　31・2728
厚岸支局　〒088-1120
厚岸町山の手１丁目103
☎0153・52・2403　FAX 52・7560
弟子屈支局　〒088-3211
弟子屈町中央２丁目８
☎015・482・2597　FAX 482・1034

✚ 病院

釧路市（15日）◇夜間救急担当病院
外科▽釧路協立病院＝治水町３の14☎0154・24・6811（診療は午後６時～午前９時）
内科・小児科▽釧路市夜間急病センター＝住吉２の12☎0154・44・6776（診療は午後７時～午前７時）

釧路市内版の片隅に今も毎日掲載される「当番病院」の案内

三沢部長夫人のプレゼント

私の釧路報道部勤務五年間に、部長は三人だった。その二代目が三沢重美さん。「三沢天皇」の異名を持つ豪快な性格だった。筋が通らないことは断固はねつけるいわゆる反骨心が旺盛な人柄だった。

報道部の飲み会のあとだったか、部長が「お前の家で飲みたい」と言い出し、押しかける感じで家にやってきた。新婚二年目、長女が一歳未満だった。女房と赤ん坊の顔を見ておきたい、という気持ちだったと思う。

女房が部長に出したコップは湯飲み茶椀だった。ビール用のガラスコップは一個も無かったのである。それだけ貧しかったということだろう。「湯のみか」と部長はあきれ、いかにもまずそうにビールを喉に流し込んだ。

大声でしゃべり、豪傑笑いを繰り返す部長。一歳未満の娘は人見知りして泣き出した。部長はおどけたそぶりであやそうとするが、かえって泣き声は大きくなった。変な部長で、その成

三沢重美さんの法要に集まった元部下の記者たち（写真後方の左が筆者）

り行きがうれしかったようだ。幼児をかまって泣かせるのが趣味のようなところがあった。わが家に三十分もいたろうか。上機嫌で去った。

翌日昼間、見知らぬ中年女性がわが家を訪れた。女房が応対した。「三沢の家内です」と名乗られて、初めて部長夫人だと分かった。人懐っこい、おだやかで優しい人柄だった。

「『主人が持っていけ』と言ったので」と差し出したのはビールのコップ半ダースだった。「もらいものが余っているので」と遠慮がちにプレゼントしてくれた。温かい心遣いの品だった。

部長の家と私の住まいの道営住宅は、距離にして五百㍍ほど。簡単に行き来ができる距離だった。

それ以来、女房は折りに触れて娘を連れて部長夫人を訪れるようになった。夫人はことのほか娘を可愛がってくれた。慈愛に満ちた人柄に女房はすっかり魅せられた。三沢部長は定年後、あっけなく亡くなった。

それから二十年後、三沢夫人が女房をキリスト教会に誘ってくれた。三沢夫妻はクリスチャンだった。夫人の熱心な誘いを断り切れず、女房は札幌桑園教会で洗礼を受けた。余り熱心な信者ではないが、それでも日曜礼拝に月に一、二度顔を出している。

キリスト教の教義はいまひとつ分からない部分もあるようだが、それでも聖書の言葉がしばしば出てくるところをみると、本当のクリスチャンに育っているようで、ありがたく思っている。これも、キッカケを与えてくれた三沢夫人の真心のたまものと感謝している。

わが家では、部長夫妻のことがよく話題になる。受けた温情が忘れられない。三沢夫人はその後、認知症になり、娘夫婦の介護を受けながら老後をおだやかに暮らしていたが、平成二十五年（二〇一三）に亡くなられた。

将棋会

昭和五十一年（一九七六）、東京支社政経部で大蔵省担当の時、宍倉主計官（運輸担当）と小粥大臣秘書官が私に頼み込んできた。社会党参院の吉田忠三郎国会対策委員長と「将棋の会」をやりたいので仲を取り持ってほしい、とのことだった。

吉田氏は、参院一と自称する将棋の名手。北海道選出であり、私とは将棋の好敵手としても付き合いは深かった。

ちょうど、国鉄運賃値上げ法案が参院で審議中であり、法案の成立に向けての努力を大蔵省なりにしていた。大蔵省担当の前に野党担当だった私が、吉田氏と親しいと知った大蔵省側の働きかけだった。吉田氏は「君の頼みとあれば断るわけにはいかない」と大蔵省側の要請を快諾してくれた。

旅館「福田家」の一室に料理が運ばれ、将棋盤が二つ並べられた。福田家は将棋名人戦が幾度も開催された由緒ある場所。私たちが使った駒はその時に使われたものとのことだった。

吉田氏は宍倉氏と一回戦、小粥氏と二回戦を戦った。宍倉、小粥両氏は大蔵省でも将棋の強手として知られていた。その特性を生かして吉田氏に将棋を持ちかけ、国鉄法案への蔭からの助力を頼んだものだった。

一主計官と大臣秘書官が、参院国対委員長に直訴同然の挙に出ることは異例だが、それだけ必死だったといえよう。この時、同法案は残念ながら不成立に終わった。

宍倉氏はその後、防衛庁に転じ、事務次官になった。小粥氏は大蔵省の主計局長から事務次官に昇進。のちに、閣僚級と言われる公正取引委員会の委員長に就任した。

北海道選挙区選出の衆議院議員として活躍した吉田忠三郎氏（昭和49年撮影、札幌市公文書館蔵）

二人は役人人生で最高位にまで上り詰めたが、そのほぼ十年前にあった出来事として印象深いし、私もその一端を受け持ったことに感慨ひとしおである。

江田三郎と私

東京で野党担当の時、社会党副委員長だった江田三郎氏に密着した。江田派を率い、当時で言う「構造改革派」の領袖だった。

江田氏は無類の囲碁好きだった。技量がほぼ同じだった私は、囲碁の相手をよくさせられた。議員会館、議員宿舎で計二百番は打ったろうか。

ある日、議員会館でいつものことだが、午後一時頃まで相手をしていた。記者クラブに戻ると、「江田三郎会見、午後二時」の張り紙が。何だろうといぶかった。直前まで当の江田氏と囲碁を打ちながら、会見予定に気がつかなかった。

会見を聞いて飛び上がった。江田訪米団の派遣だった。米国との関係がよくなかった社会党が、関係改善に向けて江田氏を団長にした訪米団を組織した。

翌日の紙面はどこも一面トップで報じた。それだけの価値がある大ニュースである。

社会党側にすれば、この大ニュースを一紙に抜かせるわけにはいかない。従って秘密保持は鉄則だった。だが、その直前まで二人で囲碁を打っていたのだから、気がつかないのは自分の非力以外にない。悔やんでも悔やみきれなかった。

訪米から帰国後、少しして江田氏からゴルフの誘いがかかった。各社の記者も一緒だと思った。だが、行ってみると誘われたのは私一人だった。江田さん、秘書の矢野さん、社会党の議員一人の四人。

プレーを楽しんだあと、プレー代を支払おうと思ったが、「今日ばかりは俺に持たせろ」とガンとして聞かなかった。ありがたく江田さんにプレー代をおごってもらった。

社会党委員長選挙に立候補を表明する江田三郎氏（昭和41年12月、東京・九段会館、共同通信社提供）

江田さんは結局何も言わなかったが、大スクープを逃したことへのお返しだと思った。

その江田さんは、のちに社会党を離党し、新党の社会市民連合を組織した。

札幌で遊説中に会い、言葉を交わしたが、ほどなくしてガンに倒れた。

石橋元社会党委員長

　東京支社勤務時代、いろんなポストを経験したが、野党担当が比較的長かった。その中で当時の社会党の石橋政嗣氏が印象深い。

最初は書記長の時。愛想が悪く、記者仲間の評判は良くなかった。しかし、ウソはつかなかった。深い洞察力があり、カミソリの異名を取った。そこに惚れて石橋詣でを続けた。

昭和五十年（一九七五）のスト権ストの時、社会党が事態収拾役を務めたが、書記長の何気ないと思われた発言にピンときた私は、スト中止を紙面に載せ、的中させた。そのことを石橋氏に言うと、ニヤッと笑い、「やっと発言の真意が分かったか」と満足気だった。

同氏は副委員長を経て委員長になった。その後、土井たか子氏が委員長になり、いっとき社会党は勢力を盛り返したかに見えたが、その勢いは長くは続かず、低落傾向は続いた。

　石橋氏は無役になったが、引退はまだまだと思っていた時、帯広報道部長だった私は、石橋氏に帯広道新政経懇話会の講師をお願いした。快諾してくれた。前日に帯広に入り、夕食を共にした。その時に、引退の話は無かった。翌日の懇話会でもその話はしなかった。

だが、その数日後に地元長崎で記者会見をして、政界引退を表明した。「しまった」と思ったが、地元で引退表明をするまで極秘にするのは当然のことである。それでも私は自分の非力を嘆いた。

引退して地元佐世保にこもった。私は退職後に全国行脚をしていて、石橋氏を二度訪れた。歓迎してくれた。一度はホテルを石橋氏自らの勘定で予約し、食事を共にした。夫人はガンで闘病中であった。本来なら家でもてなすところだが、それが出来ないのを詫びていた。もう一度は、氏の事務所が佐世保の全駐労にあり、そこで歓談した。

日本記者クラブで講演する社会党委員長・石橋政嗣氏（昭和59年９月、東京・九段会館、共同通信社提供）

社会党の現状を憂い、憂国の情を情熱的に語った。小選挙区制の弊害を嘆いた。その言動にちくいち賛同した。

その後、健康の衰えは隠しがたく、福岡の高級施設に入った。その後のことは夫人のことを含め分からない。

自治省の長野財政局長

自治省を担当した時のこと。時の財政局長は長野士郎氏だった。細郷事務次官と入省同期(昭和十六年組)で、同期が次官になったのに財政局長として残った霞ヶ関では珍しい事例である。それだけ傑出していて、次の次官と目され温存されていたのだろう。豪放な親分肌の性格で、省内に人望があった。アイデアも豊かで自治関係の論文をたくさん執筆していた。

局長室で道新の私を温かく迎えてくれた。全国紙と違って多少引け目を感じながらの取材だが、そんな差別意識を少しも感じさせない応対をしてくれた。自治省の役人は、都道府県に出向するのが常態化しているから、地域の新聞に親近感を持っているせいでもあろう。

夏頃だったと思う。地方自治のあり方についての論議を交わしていて、道開発庁のことに話題が及ぶと、「開発庁は要らない役所だ」と大胆な発言が飛び出した。地方自治の元締めである自治省にとって、国の機関である開発庁は邪魔な存在だが、一方で政府の主要官僚が正面から国の政策を批判するのは勇気がいることだ。それだけにこの思い切った発言に驚いた。

「道新の紙面を提供するから、開発庁不要論をぶったらどうか。開発庁から反論が出るだろうから、何回か往復論争をするのはどうか」と持ちかけたところ、「いいアイデアだ。やりたい」と大乗り気だった。

こちらは紙面提供の準備をする必要がある。社の姿勢として道開発庁不要論に肩入れすることになりかねない紙面展開が可能かどうか、上司とも相談しなければならない。中央官庁の二つが、正面からぶつかり合うということは、大問題に発展するに違いなかろう。その点の覚悟が私にも社にもなければならない。そのことを頭の中で整理していて数日経った日、同局長から呼び出しがあった。

のちに岡山県知事となった長野士郎氏（昭和46年8月、共同通信社提供）

「林さん。すまん。あの話はなかったことにしてくれ。ちょっと事情が変わった」というではないか。

本人がやめると言えば、この話は立ち消えだ。がっかりしたが、半面、ホッとした気持ちもあった。

事情が変わった、というのは何なのか。その時は不明だったが、間もなく真相が判明した。同局長が事務次官に昇格することになったのだった。現次官が近く退任し、後任に同期の同局長が座ることが内定したらしい。本人はその前は「次官昇格の見込みはなくなった」と判断し、辞める前に地方自治のあり方に一石を投じようとの考えだったと思われるが、次官昇格が実現するのである。

となれば、大騒動を起こす愚は避けなければならない。御身大切ということである。豪放な大物官僚だったが、土壇場で持論をあっさり放棄した。役人として無理もないと思うが、見損なったとがっかりしたのも事実だ。

彼は事務次官を終えたあと、岡山県知事になり、長期の県政を続けてボスぶりを遺憾なく発揮したが、最後は唯我独尊ゆえの悪評も数々囁かれた。

販売局で販売店全店訪問

編集局から販売局への移動はまさに晴天の霹靂のようだった。地方本部の地方委員をしていて、次は地方本部長だろうという噂が出ていた時だった。

当時の地方本部長から「販売局に行ってくれ」という内示が出た。思ってもみない異動だった。「編集局にもう用事はないということか」と思わず聞いたら、即座に「そうだ」という返事がきた。

販売局次長の発令である。編集局管の判断が「編集にもう要らない」というのなら、仕方がないと諦めるよりなかった。販売局次長は二人制。もう一人の先任は、やはり七、八年前に編集局から販売局に部長として異動、それをこなして局次長になっていた。

西も東も分からない販売局。局員はお手並み拝見とばかり態度は冷たい。こちらがどのくらいのスピードで販売局の仕事に慣れるのか、ひそかに試そうとしているようだ。

内示が出た段階で、新聞発送のトラックに乗った。運転手は話し相手が出来て喜んだようだ。

滝川行きの長距離だ。深夜、滝川とその周辺の店に、新聞の束を落としていく。その手際のよさに驚いた。途中の信号機の変わりようを諳んじていて、ゆっくり走ったり、スピードを上げたりしていた。退屈しのぎにいろいろ仕事のコツなどを話してくれた。大いに勉強になった。

発令後、二週間ほどして札幌市内の全店を回る決断をした。理由は、全所長がいる会議の中で、着任のあいさつをしたが、八十五店舗もの所長の顔がそれだけで分かるはずもない。販売局にはいろんな人が来る。取引業者ならそれなりの対応でいいが、所長となると、対応にそつがあってはならない。気を存分に使わなければならない。

そこでひとり一人の顔を覚えるのに各店を回ることにした。局員は数が多いので止めたほうがいい、とアドバイスしてくれたが、断固やると宣言した。

早朝、朝刊の作業時間に一回に三、四店ずつを回るのである。秋から冬にかけてなので、早朝の午前四時は真っ暗である。地図を頼りに自分の車を走らせた。一店三十分がメド。四店回るころには午前七時になる。回っているうちに夜が明けてくる。

販売店には前日に連絡しておく。その日は所長と奥さんらが待ちかまえている。初対面のあいさつから始まる。手土産を持参する。この手土産は、小樽の北一ガラスで買った「ラブラブメーター」というかわいいおもちゃ。薄いガラス製で、手のひらに乗せると、内部の液体が沸騰して上の段に昇り、冷めると下の段に戻る。暖房器などに乗せても同じ動作を繰り返す。値段は一個千円。これを三十個、四十個と自費で買った。これが案外好評だった。局次長が一人で早朝訪れる、というのは異例のことで、所長らは恐縮するとともに歓迎してくれた。よもやま話をしたり、苦労話を聞いたり、短時間だが意思の疎通をはかった。しっかり所長の顔を覚え、性格も少し把握できた。

暗い夜道で販売店を探すのは苦労が多かったが、道新の看板は青く光っていて比較的分かりやすかった。以来、札幌の住所は、販売店の所在で判断するようになった。

出勤前のことなので、日常の勤務に支障はなかった。ただ、勤務中に眠くなることもあるのがつらかった。途中、地方出張などの業務が挟まるので、全店を回るのに一カ月半はかかったと思う。

札幌の販売店はどこも金持ちだ。エレベーターを持つ家もあった。車はだいたいクラウンで、こちらのいすゞジェミニを笑い、局次長がこんな安い車に乗ってはいけない、と忠告してくれる所長もいた。

札幌だけが販売所ではない、との声が聞こえて、小樽、苫小牧、旭川などにも出張の折に回った。結局、百五十店ほどを回ったことになる。

この販売店回りは、大きな効果をもたらした。顔と名前が一致し、所長と距離がぐんと縮まり、局次長席に所長が来る回数がグンと増えた。

どうせ長くは続くまい、と思っていた販売局員も見直したようだ。早朝の販売店巡りは、思いのほか成果をあげ、その後の販売局業務がスムーズに行ったと思う。

一年半、販売局暮らしをしたと思ったら、次の異動で小樽支社長になった。小樽と後志管内の販売店を回ることになった。こちらは、昼間、担当の案内があった。

くぐり抜けた修羅場の数々

あの頃、俺たちは事件記者だったⅣ

合田一道

チリ地震津波に襲われた霧多布に立つ

昭和三十五年（一九六〇）五月二十四日早朝、玄関を激しくたたく音がした。夜勤で帰宅したのが午前二時半だから、少しまどろんだに過ぎない。家の前に会社の無線カーが停まっていた。事件だ、と察知した。

事件担当だというのに、わが家には電話がない。いや、ほかの記者たちも同様だった。無線電話を取り、デスク（報道部次長）を呼んだ。デスクは報道全般を取り仕切る役職だ。

「林君が釧路川を見ていたら、急に川が膨らんだって言うんだ。すぐ来い」

叫ぶように言った。林君とはこの春入社したばかりの新人記者である。

身支度もそこそこに車に乗り込んだ。会社の編集局には、報道部デスクと整理部記者ら何人かが出社していた。すでに厚岸支局長は現場へ赴き、第二陣の貴志貞三記者らが直前に出発したという。貴志記者は前任の事件担当キャップである。

それまでわかったのは、日本時間で前日の午前四時十一分ごろ、南米のチリ中部沖でマグニ

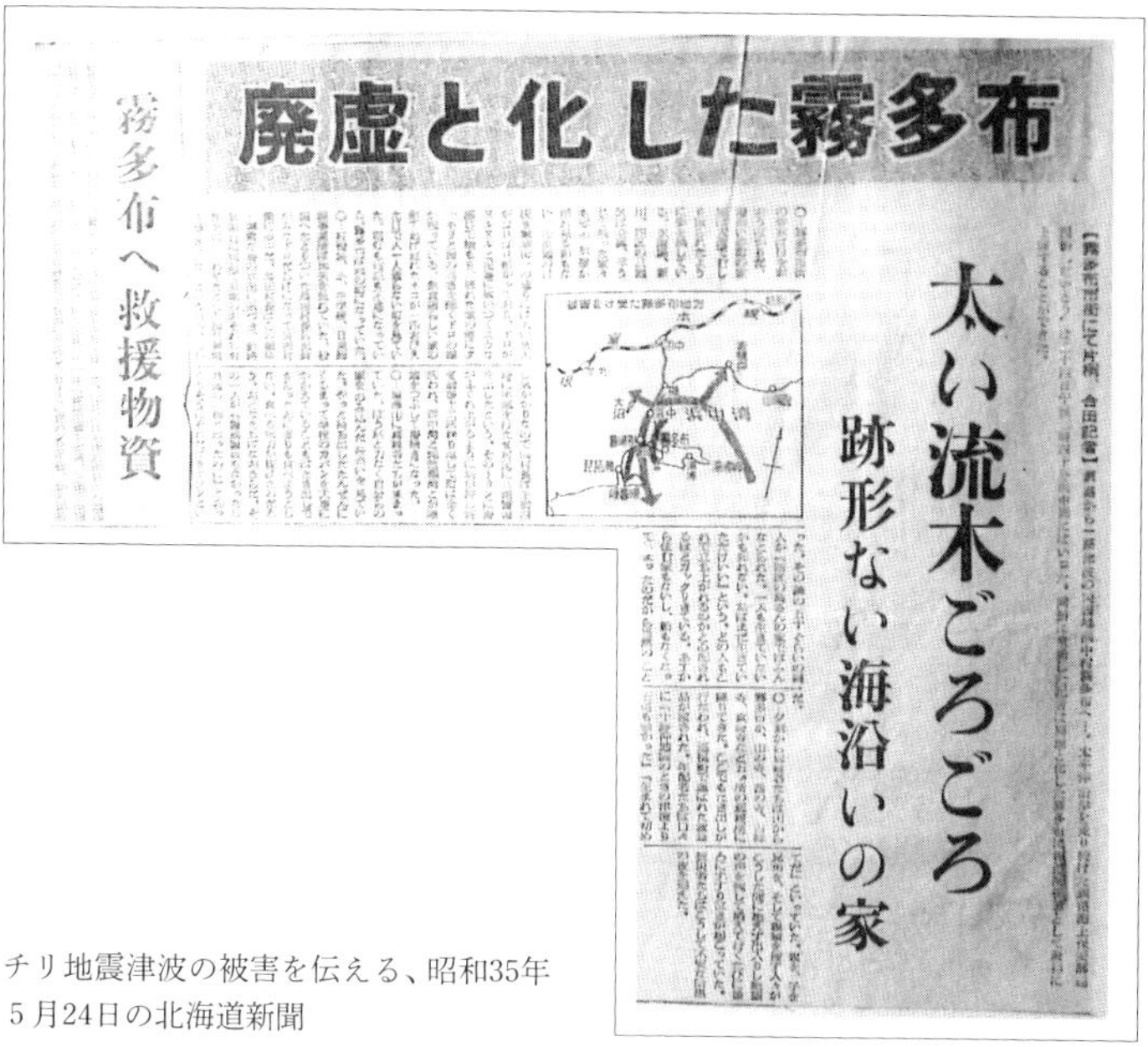
廃虚と化した霧多布
太い流木ごろごろ
跡形ない海沿いの家
霧多布へ救援物資

チリ地震津波の被害を伝える、昭和35年
5月24日の北海道新聞

チュード八・五の地震が起こり、それにより発生した津波が二十四時間かけて太平洋を越え、日本海沿岸に押し寄せた。被害地は北海道東部だけでなく、三陸一帯にまで及んでいるという。想像もできない事態だった。

「君は早版のサイド原稿を書け」

デスクの指令だ。新聞は送られる地域によって締め切り時間が、早版、中版、遅版に分かれている。こま切れ情報をつなぎ合わせて、何とか記事を書き上げた。

この間に局長、部長はじめ記者たちが続々と集まってきた。札幌本社から特別機が飛んだ。厚岸支局長から第一報が届いた。慌ただしく紙面が作成されていった。

この日の北海道新聞夕刊は「津波で道東、三陸中心に大被害／南米チリ地震の余波」の見出しで紙面を大きく割いて報道した。デスクから新たな指令が出た。道庁の要請で釧路海保の巡視船が、毛布などを霧多布へ運ぶので、同乗せよ、というものだった。

巡視船は救援物資を積み込むと、午後一時過ぎ釧路港を出航した。船は波浪に叩かれながら、三時間ほどかかって霧多布に着いた。ここで初めて霧多布と浜中本町を結ぶ道路が決壊し、霧多布が孤立しているのを知った。現場に向かった各社の記者たちは、浜中側で立ち往生したままで、ここにいる記者は私と同乗した先輩の二人だけ。

すぐに津波に襲われて歪んだ町並みを写真撮影し、小高い湯沸山に登った。避難した町民が大勢、息を潜めて沖合を見ていた。山を下り役場支所に行ったが、騒然としていて電話も使えない。浜中本町へ行くには小舟で行くしかない。一人の若い漁師を捕まえて頼んだ。

「道新かい。道新となら心中してもいいか」

と真顔で言い、小舟を出すのを約束してくれた。心から感謝し、なけなしの五千円札を手渡した。若い漁師は小舟を海に押し出すと、一気に漕ぎだした。

小舟が対岸に着くと、先乗りの貴志記者がふいに近づいてきて、私の腕をつかまえて小屋に引き込んだ。ここが道新の前進基地だった。カメラマンがフィルムを手に、急拵えの暗室に入った。

支社との電話がつながったとたん、相手のデスクが叫んだ。

「目をつぶれぇ。見てきたことを話せぇ」

夢中になってしゃべった。何を言ったのか、記憶がない。

翌日の社会面には、次のような見出しで、署名入りで掲載された。

廃墟と化した霧多布／太い流木ごろごろ／跡形ない海沿いの家
その日から五日間、現場から原稿を毎日送り続けた。被害に遭った人たちは、口をそろえて、もうここにはいたくない、と述べた。その時、貴志記者が「家を建て直しているところがある。それを書け」と諭すように言った。ドキッとなった。

惨事が起こると、どうしても目が被害の方に向く。だがこの町に愛着を持つ人たちは大勢いる。それを考えるのが新聞ではないのか、と言いたかったのだろう。この言葉は、私のその後の生き方に影響を与える重い示唆となった。

刑務所脱走舞い戻り事件

「記者さんか。ムショ（刑務所）の事件、教えてやろうか。一杯飲みたいな」

突然、報道部の六角机の電話が鳴り、ドスのきいたこんな言葉が伝えられたのは昭和三十六年（一九六一）六月上旬の夕。まず話を聞かせてくれ、と言うと、いきなり電話を切った。新聞社には時々、こんな思わぬ電話が舞い込む。どうせいたずらだろうが、ちょっと気になるな、と思いつつ、たいして気にもとめていなかった。

ところが数日後、妙な話を小耳にした。釧路刑務所の近くのタバコ店が荒らされ、店のそばに受刑者が履く草履に似た足跡が残っていた、というのである。受刑者が脱走してタバコ店に盗みに入ったのか。となるとあの時の電話は……。

すぐに取材に取りかかった。釧路刑務所は釧路市宮本町にある。周囲を取り囲む塀の上に、新しい監視所が二カ所作られていた。所長に会って質したところ、普段から言葉遣いも丁寧で人格者の所長はやや顔を歪め、「より監視体制を強める狙いです」と答えた。

釧路刑務所の塀に新設された監視所。右手下はその周囲を歩く筆者

被害にあったタバコ店を捜し出し、話を聞いた。店主は、

「あれは五月三日夜、タバコを三百五十箱ほど盗まれました。犯人は受刑者だそうです。でも、タバコはほとんど戻ってきたし、新聞には書かないでください」

と言った。だが、戻ってきた、という言葉に引っかかった。

「ええ、刑務所の付箋が貼ってありました。全部、刑務所内から見つかったそうです」

刑務所の周辺を何度も回って、聞き込みを続けるうち一人の男性が意外な話をした。

「盗難のあった日、うちの隣の家の梯子が盗まれたんです。その梯子が刑務所の塀の外側に倒れていたんです」

もう一度、刑務所に戻り、事情を問うた。だが所長は、質問には応ぜず、

「最近、出所者のタバコの投げ入れが多いので、監視所を作ったのです」

と述べた。刑務所内を回って、各房ののぞき窓にも格子戸がはめられており、監視は一段と厳しくなっているのを知った。所内の石炭ガラを運ぶ作業員に会い、内部の詳しい地図を教えてもらい、逃走経路もほぼ推測できた。

刑務所は事の重大さと体面を恐れ、事件を隠そうとしている、と判断した。だが釧路署刑事課長は「私からは言えない」の一点張り。確かに警察署も刑務所も、司法行政仲間だから、表沙汰にするわけにはいかないのだろう。

だが、もしこれが、タバコ店の盗みではなく、強盗や殺人などの凶悪犯罪につながるものだったら——。日曜日夕刻、原稿を書き上げ、息を呑んで翌朝を待った。

六月十九日、北海道新聞社会面トップに、写真と地図付きで、次のような見出しで報道された。

受刑者が集団で脱走／タバコ屋襲い舞い戻る

刑務所脱走舞い戻り事件が報じられた日、警察は初めてその事実を発表した。各社が発表をもとに後を追った。私たちは思いがけなく編集局長賞を頂戴し、報道部の記者全員で祝杯を上げた。

この報道がきっかけで、一つだけ明るい贈り物ができた。札幌矯正管区が認めていたように、同所は受刑者を定員の倍近くも詰め込み、看守不足が指摘されていたのだが、看守の定員が増えることになり、監視が十分出来る体制になる見込みがついたことだ。

それからほどなく、定年を間近にしていた刑務所長は釧路の地を去った。左遷だった。釧路駅の駅頭で見送った時、家族とともに挨拶する所長と目が合った。少しうるんでいるように見えて、胸が痛んだ。

ソ連監視船が「立ち去れ」の信号旗

ソ連にだ捕された漁船に高校生がいた――。昭和三十六年（一九六一）八月下旬の朝日新聞の報道は、私たち北海道新聞の記者たちの脳天を打ちのめした。夏休みになると根室では、高校生といわず、小、中学生も、父親の仕事を手伝って海に出る。だから恥ずかしながら、子どもが漁船に乗ったって当たり前、と気にもしていなかった。

しかし現実に、根室のコンブ漁船十二隻が貝殻島周辺で、ソ連監視船に領海侵犯の疑いでだ捕され、その中に二人の高校生が含まれていたことが明らかになったのである。地元ゆえの判断の甘さから、意識の高い朝日新聞にやられた、とわれわれは地団駄踏んで悔しがった。

その直後、第一管区海上保安本部は危険海域に巡視船を集中配置し、特別パトロールを実施する緊急方針を決めた。ソ連監視船の出現をすばやくキャッチし、出漁漁船に対し、警告と指導をするというのである。

デスクの指令で八月三十日朝、蛎崎礼一カメラマンとともに、釧路海保巡視船「つがる」に乗

黒煙を上げるソ連監視船（中央）とカニカゴ漁船（右端）

花咲漁港の岸壁で原稿を書く筆者。左側に立つのは蛎崎礼一カメラマン

り込んだ。朝日に抜かれたので、こんどはこちらが抜き返す、と固く決意した船出だった。それが思わぬ事態に遭遇することになろうとは。

「つがる」は岸壁を離れると東進した。厚岸沖から根室半島沿いに逆上る。半島の突端、納沙布岬と、いまは異境となった貝殻島の灯台が遠くかすんで見える。このあたり、高校生を含む漁民がだ捕された海域である。

真っ青な海で、多数のコンブ漁船が操業していた。すでにソ連が主張する十二浬《カイリ》の海域を越えていて、監視船が来たらだ捕されるのは明らかだ。「つがる」がマイクで注意を呼びかけるが、応じない。

どれくらい経ったか。突然、「ソ連監視船が現れた」という甲板員の叫び声がスピーカーを通して響いた。腕時計の針は午後五時十八分。ブリッジに駆け上がると、遠く秋勇留島が望まれ、その島を背景に黒煙を上げる一点と、小さな三つの点が見えた。距離は七、八〇〇米《メートル》もあろうか。明らかにソ連のいう十二浬《カイリ》領海内だ。

船長の命令で「つがる」は速度を上げて前進した。割って入って漁船を一隻でも助けようという算段である。黒点がぐんぐん大きくなり、ソ連監視船の左側に一隻、右側に二隻のカニカゴ漁船が停止しているのが見えた。漁船はだ捕された後で、銃を手にしたソ連兵が二、三人ずつ乗り込んでいる。

「つがる」はソ連監視船と漁船の間を目指して急接近した。その間、五十㍍ほど。と、その時、ソ連監視船にするすると国際信号旗が上がった。旗は三枚。「わが領海、立ち去れ」の信号である。「つがる」までが領海を侵してしまったのだ。

相手はいまにも発砲しそうな態度にも見える。船長の命令で「つがる」は大きく迂回しながら後退した。

夕闇が迫りだしていた。ソ連監視船は三隻のカニカゴ漁船を数珠つなぎにして、秋勇留島の島影に消えていった。「ちくしょう」と乗組員の一人が叫んだが、それは同乗していた全員の共通の思いでもあったろう。

この模様をいち早く送稿したい。だが「つがる」は特別パトロール中なので、着岸は許されない。和田船長のとっさの判断で花咲港沖合に停船し、私とカメラマンだけがボートで上陸と決まった。時間の猶予は一時間。

岸壁に降りるなり根室支局に連絡し、岸壁に屈み込んで原稿を書いた。ザラ紙になぐり書きである。ほどなく根室支局の記者が車で飛んできて、原稿とフィルムを受け取ると、支局へ引き返した。

翌朝の北海道新聞は「ソ連監視船にだ捕された三隻のカニカゴ漁船」を目撃したルポが掲載された。

振り返って、あの国際信号旗は、巡視船であろうとも射撃するという意味だったろうと考える。船長は漁民を助けられないまま、信号旗に従い後退したので大事に至らなかったが、もし、そのまま前進していたら衝突は免れなかったはず。そうなったら……。

五十年余り前に体験した身震いするような場面を、いまも思い出す。

官名詐称して大スクープ

「運転免許試験で、事前に試験官に〝謝礼〟したら、解答を教えてくれるそうだ」

そんな噂が耳に入ったのは昭和三十七年（一九六二）春。自動車がやっと普及しだした時代で、運転免許証を取得するには、管轄する警察署で学科試験を受け、合格すると実地試験が受けられる仕組みになっていた。

「へんな話だな。試験官は釧路署の交通課の現職警官だ。そんな不正をするだろうか」

事件担当の四人は首をひねりながらも、とにかく手分けして当たってみようと密かに動きだした。夕方、全員がそろうと、錦織俊一記者が切り出した。

「試験に立ち会っているのはA巡査で、これまですべて一人で引き受けてきたというが、最近、体調不良を理由に依願退職しているんだ」

退職と聞いて、他の記者連中が声を張り上げた。この巡査は昨年、釧路署に転勤してきたが、前署在勤中に苫小牧の王子争議に応援機動隊員として出動し、乱闘に巻き込まれて重傷を負っ

た。長い療養を経て復帰したが、正義感あふれる警察官として道警本部長表彰も受けていると
いう。亀山良一記者が言葉を継いで、
「交通安全協会の女性から聞いたんだが、最近、何度も落ちていた受験者が合格したそうだ。そ
の男性の名は釧路市宝町のM、四十一歳」
とメモを読み上げた。
「くさいな。無謀かもしれないが、二人で本人に当たってみてくれないか」
私の言葉に、亀山、錦織の両記者は「わかった」と言うなり外へ飛び出していった。
その夜遅く、二人は戻ってくるなり、「官名詐称をして、相手を吐かせた」と少し気まずそう
に述べた。話によると、Mを呼び出し、
「警察からきた者だが、交通免許試験のことで聞きたい」
と言ったら、観念した様子で、「知人の紹介で担当の警官にお金を渡し、教えてもらった」と
答えたという。
「警察記者クラブでなく、警察からきた者か。危ない橋を渡ったとはいえ凄い収穫だ」
私は興奮して叫んだ。
翌朝、警察を辞めたA(三二)を訪ねた。顔なじみなので率直に質した。だがAは「そんなこと
するわけないだろう。退職したのは体調が悪いせいだ」と涙を流して抗弁した。

筆者が取材時に使っていた取材ノートと別の事件のスクラップ

この言葉が正しいとすれば、別の警察官が金をもらい答えを教えたことになる。釧路署にこの話をするのが筋だが、身内から犯罪者を出すのを嫌がり、尻すぼみになる恐れがある。それにこちらには〝官名詐称〟という弱みもある。

釧路地検の顔見知りの若い検事に、経過を正直に伝えて、どうすべきか相談した。結局、相手が警察なので、わが社の報道部長から釧路地検の検事正に情報を提供し、捜査を要請する形をとった。

地検の捜査が始まり、Mが贈賄容疑で、元警察官Aが収賄容疑で逮捕され、Mと元警察官の中に入った男性が犯行を自供した。これによると事前に警察官に現金三万円を渡し、試験当日、警察官が会場を巡回中に、黙って鉛筆の頭で答えを指し示したという。

七月十五日、北海道新聞社会面のトップは「運転免許試験で不正／現金贈り合格／元警官ら三人逮捕」の見出しでこの事件を報じた。その後、元警察官は全面自供し、贈賄容疑の逮捕者が連日増えて、二十一人にのぼった。この間、北海道新聞は他紙を圧倒した。釧路署も道警釧路方面本部交通課もその推移におののいた。

しかし最初の〝官名詐称〟が心の中にひっかかっていた。それを察知してか検事正は、事件が一段落したころ、報道部長と私を公宅に呼び、こんな言葉を述べた。

「官名詐称はいけない。だがこれは社会正義を貫く信念から出たもので、許される範疇でしょう。それより事件解決の端緒をつくった功績の方が大きい。今夜は感謝の宴です」

翌日、報道部長からその話を聞かされた事件担当記者の面々は、部長のポケットマネーで買った酒を飲み、心地よく酔いしれた。

〝死体なき殺人事件〟の顚末

昭和三十七年（一九六二）十二月十九日、釧路署に不可解な通報が入った。釧路市双葉町で独り暮らしの作業員（六〇）の姿が見えないので、近所の人が家に行ってみると、飼いイヌ一匹とニワトリ四十羽が餓死していた、という。

同署は現場の状況から、何らかの異変に巻き込まれた可能性もあるとして、自殺、他殺の両面から捜査に乗り出した。北海道新聞は総合的に判断して〝死体なき殺人事件〟と報じた。だが、事態は少しも進展しなかった。

それから一年二カ月が経過して、釧路署刑事課留置場担当巡査部長の「留置人記録簿」に、見慣れない氏名が記されているのを見つけた。「松木一」。何者だろう？

警察は容疑者を逮捕したら、四十八時間以内に身柄を送検し、地検は容疑者を調べて起訴または不起訴、起訴猶予にする。事犯によっては拘留延長して取り調べることもあるのだが、それほどの事件はこのところ起こっていない。

〝死体なき殺人事件〟の現場検証を行う刑事たち。左が筆者

「松木一」の名を頭にたたき込み、釧路地裁へ走った。警察が逮捕状を取るには、裁判官の許可が必要だ。だが地裁書記官に当たっても、該当する氏名はなかった。

（架空の氏名だ。何かある）

その夕、刑事室をのぞくと、当直を残して誰もおらず、がらんとしている。おかしい。トイレで出会った刑事に質すと「明日、早いのでね」とぼそりと言った。早い？　何のことだろう。会社へ戻り、時間を見計らって夜討ちをかけることにした。

午後十時過ぎ、道警釧路方面本部長宅を訪れた。本部長は寝巻姿で、

「明日早く上京するので、そろそろ休もうと思っていたんだ。まあ、入りな」

と言い、私を部屋に通した。高価なウイスキーを取り出し、グラスに注いで勧めた。思いっきりぐっと飲んだ。本部長は何かを察知していたのか、「君は、ここにはいないんだよ」と謎めいた言葉を吐いた。

「はあ？」

「明朝、釧路署の刑事は容疑者を連行して、埋めた死体を探すことになっている」

やはり！　あの偽名の容疑者が〝死体なき殺人事件〟に絡んでいたのだ。

本部長の話を要約すると、容疑者は釧路市若草町の無職の男性（三〇）で、昭和三十九年一月三十日、別件の詐欺容疑で逮捕、取り調べるうち犯行を自供した。知り合いの男性に「土地を世

〝死体なき殺人〟三年ぶりに解決

土の中から白骨

さかさまに埋める

[redacted]の自供と一致

【釧路】〝死体のない殺人事件〟として騒がれた老人行くえ不明事件を捜査していた釧路署は三日午後、釧路管内標茶町の松林の中で釧路市双葉町五、自由労務者、佐々木幸一さん（当時六十歳）の頭を下にして埋められている白骨死体を発見した。釧路署のねばり強い捜査でこの事件は発生いらい、三年ぶりで解決した。

同署は、三日朝、容疑者の[redacted]（三〇）＝一月十九日、別件の詐欺容疑で送検＝の自供に基づき、現場検証令状を取り、[redacted]を同行、同町塘路二三三番地、雄別林業会社所有の造林地を再発掘したところ、同午後一時半ごろ、塘路駅から約二キロ釧路寄りの道道から左側へさらに三百㍍はいった松林の中から、佐々木さんと思われる足首を発見した。同署は道警釧路方面本部の応援を求め、木村釧路地検事らが立ち会いのうえ、同四時半ごろ、深さ一㍍十㌢の土の中から、頭を下に、エビみたいな形で埋められている佐々木さんの白骨化した死体を掘り起こし、同日夕方、釧路へ運んだ。

死体は着衣も判別できないほど白骨化しているが、同署は❶[redacted]の記憶をたどり、松林の入り口からうしろ向きに歩かせ指摘させた場所と発掘場所が一致した❷死体を

〝死体なき殺人事件〟の解決を報じる、昭和39年3月4日の北海道新聞

話する」と言って釧路管内標茶町の塘路湖の見える山中に誘い出し、殺害し、死体を山中に埋めた、という。

「ささ、ぐっとやって。私はこれで失礼するよ」

本部長の好意に深々と頭を下げ、待たせていた車に飛び乗った。会社に戻るなり、原稿を書き出し、出来上がったのは締め切り時間ぎりぎり。明朝の取材準備を整えたころ、ゲラが出た。時計の針は午前二時半。編集局の六角机の上に横になり、眠った。

昭和三十九年二月十二日の北海道新聞朝刊社会面は、大スクープとなった。

その朝早く、飛田信彦カメラマンとともに無線カーに乗り込み、塘路湖の見える現場へ走った。やがて釧路署の刑事たちが「松木一」を連行してやってきた。何でここにいるんだ、というような顔つきだ。でも新聞を見せると、「そうか、やったな」と言って笑った。

刑事に促されて「松木一」が、死体を埋めた場所を指し示した。刑事たちがスコップで積雪をはらい土を掘り返す。そのうち「お前も掘れよ」と言われて、一緒になって掘った。昼食の休憩もないまま掘り続けたが、発見に至らなかった。

捜索は連日続いたが、遺体は出なかった。抜かれた他社は、「道新は先走った」「容疑者の自供に振り回された」と誹謗した。そんな中で私に異動の内示が出た。このまま死体が出なかったら、本当に道新の虚報にされてしまう。眠れない夜が続いた。

三月三日、釧路を離れる前日、死体が発見されたという朗報が飛び込んできた。記事は亀山記者が書くという。「松木一」という偽名は、留置場担当巡査部長の松本の「本」を「木と一」にしたものと知らされた。

翌朝社会面トップに「〝死体なき殺人〟三年ぶりに解決」の四段見出しが踊っていた。列車が出発する時、見送りの中に本部長がいた。近づいて別れの挨拶をした。本部長は微笑しながら黙って手を差し出した。分厚く温かい手だった。

豊頃一家四人殺害事件解決の夜

昭和三十五年（一九六〇）三月二十七日朝、出社するとすぐ無線カーに乗り、道警釧路方面本部へ向かった。本部から釧路署を回り、海上保安部へ足を延ばす。事件担当になってまだ三週間。でも毎日、顔を出しているので顔なじみの警察官ばかりだ。

きょうの捜査課の当直はK警部補。年輩の刑事で、来年は定年を迎える。人柄がよく「クマさん」の愛称で親しまれていた。早朝なので室内にはほかに誰もいない。K警部補は私の顔を見るなり、

「おれ、ちょっと便所に行ってくる」

と言い、席を離れた。机の上に事件の報告メモが置いてあった。池田署からの殺人事件発生の報告を記したものだ。覗きみると豊頃村（現在の豊頃町）市街の木材業者（三六）宅の奥六畳間で、幼い長女（四）と長男（二）が首を絞められ殺害され、両親が行方不明。そばに書き置きがあった、という内容が記されていた。素早くメモ帳を取り出し、概要を書き留めた。

元雇人ら二人手配
豊頃村の殺人

父母も殺された？
死体を車で運び捨てる

【豊頃】既報＝二十七日未明、中川郡豊頃村で起きた二人の幼児絞殺事件は行くえがわからぬ両親も殺され、どこかへ運び込まれたのではないかとみられるにいたり、池田署では親子四人殺人事件として同署豊頃巡査駐在所に捜査本部を設け、同日午前一時すぎ被害者宅付近からハイヤーで帯広市内に向かった二人連れの男を有力容疑者として指名手配、行くえを追っている。このうち一人は釧路市内に潜伏しているらしく、他の一人も帯広にいるのではないかとみて道警釧路方面本部では両市に重点をおき本格的捜査に乗り出した。

車庫に血痕、女の毛髪

二十七日午前六時ごろ中川郡豊頃村字豊頃駅前木材業佐藤武男さん(三七)宅奥六畳間で長女敦子ちゃん(四つ)が口にハンカチを押しこめられたうえロープで、また長男の功ちゃん(二つ)は鼻血を出し麻ナワでそれぞれ首を絞められ寝巻き姿のまま殺されている事件を強盗殺人事件とみた池田署では、釧路方面本部から強力犯捜査係部らの応援を得るとともに全署員を非常招集、調べたところ

①自宅のすぐ横にある約七坪ぐの車庫内の床や板壁がべっとり血に染まっているうえ、女の髪の毛やピンが落ちている。

②凶行があったと思われる午前二時二十分ごろ、付近の人が『助けてー』というかすかな女の悲鳴を聞いている。

③佐藤さんのカメラ三台(うち一台は二眼レフ)背広三着などもなくなっている。

④付近の道路には武男さんのメガネの破片が落ちていた。

ことがわかり、行くえ不明とみられる武男さんとミエ子さん(三五)夫婦も殺されてトラックでどこかに運び込まれた疑いが濃くなった。このため地元消防団や当部落民の協力で午後六時まで付近の川や草むらをくまなく捜索したが、二十八日午前四時現在、夫婦の行くえはわからない。

一方事件当時の午前一時半ごろ、同部落から約四キロ離れた同村茂岩市街"茂岩ハイヤー"の運転手の舘石近一雄さん(二七)が電話で呼ばれていった時、側こうに傾いている佐藤さんの小型トラックのそばにいた若い二人組の男に『帯広まで行け』といわれ、帯広市西一南九帯広劇場前で降ろした事実を重視、同家に恨みをもつ者か、物取りの犯行とみて同家の使用人などを重点に調べた結果、三年前、金を使いこんでクビになった[redacted](二七)が捜査線上に浮かび、さらに[redacted]の写真を舘石近運転手に見せたところ、二人のうちの一人に間違いないことが確認された。

しかも同日午前十時半ごろになって釧路市末広町北海釧路支店前で[redacted]を見かけた者がいることがわかったので、釧路署では[redacted]が釧路市内に潜伏しているものとみて全力をあげて捜査中。共犯とみられる[redacted](ハイヤーのなかで[redacted]が呼んだ名)は帯広市内にいるらしいので、帯広署でも同署全員を非常招集、捜査を続けている。

なお池田署では二十八日午前十一時から敦子ちゃん、功ちゃんの二人の死体を釧路署本野嘱託医の執刀で解剖する。

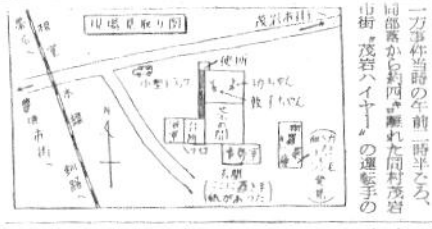

女の悲鳴を聞いた

近所の人、佐藤信次郎さん(四七)の話　午前二時ごろ『助けてくれ』という女の悲鳴が聞こえたが、近くのでん粉工場付近でときどき労務者が女の人にいたずらをしていることもあるので、またかと思い気にしないで帰ってしまった。いまになって考えれば、あれはミエ子さんの悲鳴ではなかったかと思う。

二人とも22歳ぐらい

舘石近一雄さん(茂岩ハイヤー運転手)の話　帯広まで頼むといわれたので、帯劇前まで送った。車内では上りの急行時間などを話していたが落ち着いていた。一人は"警察に"見せてもらった写真の[redacted]と同じ男だが、二人ともこれまで見たことはない。どちらも二十二歳ぐらい。紺か黒の背広を着ていた。

神社の坂に人血
現場検証

【豊頃】中川郡豊頃村で発生した幼児絞殺事件について現地の捜査本部では舘石近運転手が"犯人とおぼしき二人連れが『池田からお客さんを送ってきたが、貨物列車の前照灯に目がくらんでハンドルを切りそこねた』といっていた"との証言にもとづいて、二十八日午前一時から沼田捜査主任らが現場で深夜の検証をしたが、この結果、豊頃駅を午前一時四十分に発車する上り四八六貨物列車に向かって実際に池田署のジープを線路沿いに反対方向から走らせたところ、佐藤さんの小型トラックが側こうに落ち込んだ個所では目がくらむことを確認、さらに佐藤さん宅から池田方面に約二キロの地点、通称神社の坂に落ちていた佐藤さん所有のトラックのガラスの破片とその付近にルミノール反応で人血が検出された。この結果佐藤武男さんか、ミエ子さんのいずれかが殺害されたのは午前一時四十分前で、死体は人血が検出された付近に運び込まれたものと同捜査本部では推定している。

釧路に潜伏か
[redacted]と別行動？　知人が市内で会う

【釧路】豊頃村の幼児殺し犯人として池田署から全道指名手配となった[redacted]と二十七日午前十時半ごろ釧路市内で会った人がおり、[redacted]は釧路市内に潜伏しているのではないかともみられる。これは[redacted]について取材のため[redacted]を訪れた本社記者から[redacted]が容疑者であることを知った同社資材係[redacted]さん(二〇)が"きょう[redacted]と会った"と語ったもの。宮田さんの話では、二十七日午前十時二十分ごろ、釧路市末広町七ノ一北海釧路支店前を通行中、スーツケースを持ち、グレーの背広を着た[redacted]と会ったので声をかけたところ、[redacted]はろくろく返事もせず、あわてた

豊頃一家四人殺害事件を報じる、昭和35年３月27日の北海道新聞

少し経って戻ってきたK警部補が、「見たな」と言い、ニヤリと笑った。

「ありがとうっ。クマさん」

すっ飛ぶようにして会社に戻り、原稿を書いた。池田支局も帯広支社もまだ事件発生を察知していない。一報をキャッチできて、夕刊早版からスクープとなった。

普通ならこの段階で池田支局にすべてを委ねるのだが、事件は大きく展開する。池田署は行方不明になっている両親も、殺されてどこかへ運ばれたと見て、同家の元雇人S（二三）と住所不定、無職T（二五）の二人を全国に指名手配した。しかも指名手配された二人は、逃げて釧路市内に潜伏したようだという。事件が〃飛び火〃した形になり、私たち釧路の事件担当記者らは緊張した。

案の定というべきか、翌二十八日朝、釧路署に、Sがもう一人の男と市内を歩いていたという情報が入った。午後一時ごろ、釧路署のパトカーが釧路市材木町でSを発見、逮捕した。この逮捕は刑事の動きを追っていたわが社だけがキャッチし、夕刊遅版に突っ込むことができ、他紙を圧倒した。

Sは釧路署の取り調べで、「金欲しさに、知り合いのTと共謀して木材業者宅を襲った。二人の子どもと妻を自宅で殺し、ニセの書き置きを書き、妻の遺体を車で運び、十弗駅裏に捨てた。夫は利別川付近で殺して捨てた」と犯行を自供した。Sはその日のうちに池田署に押送され、自供通り、夫婦の遺体を発見した。この写真をスクープしたのが帯広支社の寺井敏カメラマン。事前に張り込んでいて、撮影した。

翌二十九日午後五時、こんどは共犯のTが滝川市内で逮捕され、事件は発生から丸三日で一挙に解決した。

その夜遅く、行きつけの酒場で酒を飲んだ。スクープを重ねた事件にも関わらず、心が重く沈んだのは、若者たちによる余りにも身勝手で稚拙な犯罪への怒りからだった。金欲しさから幼子を殺し、両親の遺体を別々の場所に捨て、書き置きを用意して捜査を攪乱させようとした行為にも、はらわたが煮えくり返った。事件記者たちは誰もが、物も言わずに黙って杯を傾けていた。

「ひかりごけ事件」の真相とは

昭和三十八年（一九六三）晩秋、北海道新聞釧路支社報道部は「凍土」という連載企画を決め、私が〝凍土ゆえに起こった犯罪〟の執筆担当に決まった。だがそれにふさわしいものがあるのか。思い余って釧路区検察庁の保科衛副検事を訪ねて、「ひかりごけ事件」を教えられた。副検事は事件発生当時、釧路地方裁判所検事局の書記をしていた。

事件の内容を述べると……。昭和十八年十二月四日、根室から小樽に向かう陸軍暁部隊所属の徴用船「第五精神丸（仮名）」＝七人乗り組み＝が、知床沖で大シケに遭い、消息を絶った。二カ月後の昭和十九年二月三日夕、羅臼郡羅臼村字ルシャ（現在の羅臼町岬町）の漁民宅に、外套の上に筵を巻きつけた異様な男が倒れ込んできた。男は徴用船の船長、と名乗り、「ほかの乗組員は全員死亡したが、自分だけ無人の番屋で生き延び、ここまで歩いてきた。助けてほしい」と述べた。

驚いた漁民は知円別集落の会長に連絡した。会長は船長が書いた書面を懐に、十六キロメートル離れ

ひかりごけ事件が起きた知床岬の番屋（昭和19年5月撮影、筆者蔵）

た羅臼村市街の標津署羅臼巡査派出所に届け出た。

翌日、村長以下が救助隊を組織してルシャに赴き、船長を漁船で羅臼村まで運び、旅館に収容した。〝奇跡の神兵〟の生還に村内は沸き立った。船長は暁部隊から派遣された下士官に付き添われて小樽に近い故郷へ帰っていった。

それから三カ月余り、北国に遅い春がめぐってきた。知床半島ペキンノ鼻に出かけた漁民（六五）は、自分の番屋に何者かが入り込んだ形跡があるのを見て、〝奇跡の神兵〟がここでひと冬を過ごしたと直感した。近くの岩場に置かれていたリンゴ箱を開けたところ、人骨と見られる骨がぎっしり詰まっていた。

通報により釧路地方裁判所予審判事、同所検事局次席検事らが現地へ急行し、船長が何者かを殺害して人肉を食って生還したと見て、船長を地元の警察署に連行、事情を質した。船長は、餓死した同僚の少年（一九）の肉を食べた事実は認めたが、殺人は否定した。検事局は船長を死体損壊、死体遺棄罪で釧路地裁に起訴した。裁判は非公開で開かれ、昭和十九年八月二十八日、船長に懲役一年の判決が言い渡された。

この事件が後年、武田泰淳の小説『ひかりごけ』のモデルになるのだが、それを知らない私は、これぞ「凍土」にぴったりと飛びついた。この時、保科副検事は、

「私は来年三月で定年退職するので、身辺整理中です。よかったらこれを差し上げます。君は若

いから将来、役に立つ時がくるかもしれない」

と述べ、判決文の写しと現場写真十三枚を手渡してくれたのである。副検事に話を聞き、何とか記事を書き上げた。

時が流れ、船長がいまも小樽に近い漁村に住んでいる、と知ったのは昭和四十九年冬。ぶしつけを承知でその家を訪ねた。船長は小柄な体を丸めるようにして玄関前の除雪をしていた。突然、切り出した私の言葉に、呆然と立ちつくす船長。

こうして取材は始まった。一カ月に一回程度、自宅を訪れるのだが、船長は会うのを嫌がり、質問にも「覚えていない」「わからない」を繰り返した。

この間、船長が倒れ込んできた漁民宅の孫娘、収容された旅館のお手伝い、現場を踏んだ巡査部長、地元の小学校長兼青年学校長、暁部隊第五船舶輸送司令部参謀、北部軍管区担当の新聞記者ら、それに精神科医、栄養学者などと会い、多くの証言を得た。

人間とは極限に陥ったら、人肉を食らってまで生きるものなのか。この難題に必死になって取り組んだ。だが容易に回答は得られなかった。船長と接触しだして七年を経たころ、取材を断念しようと思い、こう切り出した。

「もう取材はやめたい。最後に二人で知床に行き、亡き霊にお参りしたい」

船長はしばらく考えた末、同意した。それを機にぽつりぽつりと話しだした。それは想像を絶する飢餓との戦いだった。氷雪に埋もれた番屋の中。食べ物も何もない、ストーブの火を消したら凍え死んでしまう逃げ場もない閉所で、食べたい、食べたい、それだけを思い、横たわる二人の人間。幻影が見え、幻聴が聞こえだす。車や船や、神仏までが現れる……。そのうち少年は「目が見えない……」と呟きながら死んでいく。だが船長はそれすらも意識できない。そして、そこに食料と化した物体が横たわっているのを見て、その肉を削ぐ……。

船長への取材はなおも続けられ、十五年間に及んだ。船長は最後まで「俺は死刑になってもいいような罪を犯した」と語り、知床行きの約束が実現しないまま病に倒れ、平成元年(一九八九)暮れ、亡くなった。

船長の語りと関係者の証言で構成したノンフィクション『裂けた岬』(恒友出版)が発刊されたのは平成六年春、私が新聞社を退職した直後である。

はがき通報殺人事件の裁判

事件担当になって最初に出合ったのが「はがき通報殺人事件」の裁判。叔父が甥を殺し、遺体のありかを警察に通報した事件の裁判だった。

昭和三十四年（一九五九）十一月二十日、釧路署にはがきが届いた。鉛筆で釧路市春採武佐付近の略図と「あとはヨロシクたのむ」と書かれていた。続いて二十七日、二度目のはがきが届き、「タカ台に死体ハッケン」の文面と、死体のある場所を示した略図が書かれていた。

釧路署は捜査員を動員してはがきに書かれた付近を捜索し、喉と腰を刃物で刺された若い男の死体があるのを発見した。同署は殺人事件捜査本部を設け、被害者の身元と、はがきの差出人の割り出しを急いだ。だが身元はわからず、捜査は難航した。

ところがひょんなことから事件が動きだす。三十日午後、釧路署に二人連れの男性が訪れ、保険外交員（三六）の男が「新聞に載った身元不明の男性は私の甥（二〇）らしい」と述べた。もう一人は被害者が勤務する会社の社長で、これにより身元が判明した。

被害者の青年は栃木県に住んでいたが、叔父である外交員の男から「北海道で働かないか」と誘われ、三月末に釧路市内に移住した。作業員として二カ月ほど働いた後、現在の仕事に就いたが、十一月五日から行方不明になったという。

叔父の周辺を捜査したところ、青年が就職して間もなく青年名義の災害特約付き養老保険(額面約八十万円)をかけ、青年の月給三千円の中から毎月二千六百円の掛け金を払わせていたことがわかった。しかも叔父は二年前に、火災を起こし、妻子が焼死した事件で、災害特約付き生命保険金を受け取っていた事実が判明した。

この時、死体受取書に書いた叔父の文字と、釧路署に通報したはがきの文字に不思議な共通点があった。「死体」を「死休」と良く似た筆跡で書かれていたのだ。同署は同一人物と判断し、十二月十日、逮捕に踏み切った。だが叔父は犯行を否認した。

頑強な態度を見せていた叔父が犯行を自供したのは十六日深夜。自供通り、凶器の出刃包丁が釧路公園土管下から発見された。だがその後、自供を翻すなど捜査は翻弄された。

第一回公判は昭和三十五年三月一日、釧路地裁で開かれた。被告は出廷を拒み、釧路地検は拘引状を用意してしぶる被告を車に乗せて地裁へ運んだ。被告は、検事の起訴状朗読に対して「私はやっていない。真犯人を捜し出したので、近く告発する」と述べ、起訴事実を否認。弁護人は「重大事件なので、本日証拠品を提出されても、同意しかねる」と発言するなど、最初から荒れ模様となった。

裁判官が合議して審理続行となり、検事の冒頭陳述、証拠調べと続いたが、弁護人は「被告が犯人ではないと主張しているので、同意できない」と述べた。なぜ自供したのかとの質問には「強制尋問によるウソの自供」と答えた。審理は壁にぶつかった。

公判は一カ月に一度のペースで開催されたが、被告は審理に応じようとせず、応じても「やっていないのだから答えられない」と述べ、裁判官、検事を手こずらせた。しかも「自分の意見を聞かない」として弁護人を解任した。裁判所の精神鑑定にも抵抗した。

被告が一転、犯行を認めたのは二年半後の昭和三十八年一月二十一日の公判である。弁護人が、被告人と面談した結果、起訴状通り間違いないとし、被告も「その通りです」と答えた。何ともあっけない、後味の悪い決着といえた。

被告に求刑通り死刑の判決が下ったのは四月三十日。その時、記者席の私は持参したカメラを構えた。被告と目が合い、身をよじった瞬間、シャッターを切った。あのころはまだ、法廷内の撮影が咎められていなかった。この写真は翌日の社会面に掲載された。

閉廷になり、被告は何事もなかったように立ち上がると、記者席の私に向かって薄ら笑いを見せ、看守に同行されて立ち去った。

雪崩に巻き込まれた北大生の遺書

釧路を離れて広尾支局勤務になって丸一年経た昭和四十年（一九六五）三月二十六日、「北大生が日高連峰十の沢で遭難」の報が伝わってきた。現場は十勝管内中札内村上札内から札内川上流を辿った先にある。支局から中札内村まで約六十キロメートル。車で走れば一時間の距離だが、区域担当は帯広支社になる。

現場に飛んだのは支社編集部の村住博之記者と寺井敏カメラマン。村住記者は以前、釧路支社でともに事件を担当した仲間だ。編集部長の電話によると、現場まで入るのはかなり難しいという。はやる気持ちを抑え、「いつでも声をかけてください」と告げた。

北海道新聞の報道によると遭難の模様はこうである。

北大山岳部のパーティー、農学部四年、沢田義一リーダー（二二）以下女性一人を含む六人が、日高山脈縦走のため中札内村字上札内を出発したのは三月十一日。幌尻岳（標高2．052メートル）などを経て二十日に帯広市八千代に下山する予定だったが、それを過ぎても戻らず、遭難の可

遭難前日の沢田パーティー（遺品のカメラに残っていた写真）

能性が高いとして北大山岳部は道警本部に届け出たのだった。
道警、自衛隊、北大などによる捜索隊が相次いで現地に入ったが、パーティーがビバークしたと見られる十の沢のあたりは、大きな雪崩の跡が残っていて、その下敷きになったものと判断された。空からも飛行機で探索したが、吹雪で視界が効かず、引き返すなど捜索は難航。結局、全員絶望とみて、捜索をいったん断念した。

それから三カ月経った六月十三日、北大山岳部の第三次捜索隊が遭難現場と思われるあたりの積雪を掘り起こしたところ、約二㍍下からかなり傷んだ遺体一体と、押しつぶされたテント、寝袋、ナタなどが見つかった。

遺体の身元は服装についていた北大山岳部のバッヂ番号とポケットに入っていた身分証明書から、沢田義一リーダーと判明した。沢田のカッターシャツの右ポケットから「書置」と書かれた「遺書」が発見された。札内岳の地図二枚の裏に黒色の万年筆で書かれており、その文面から、三月十四日午前二時ごろ、雪崩が起こり、その下敷きになったことが明らかになった。

遺体発見の報に、村住記者は「何かある」と直感した。十四日朝、下山して帯広から飛行機で飛ぶ北大山岳部ＯＢを取材した。この中に高校時代同期の友人がいた。いまは小樽市内で精神科の医師をしている。村住記者は、
「何かあったら教えてくれないか」

と問いかけた。友人はしばらく考えていたが、

「あることはあるが、大学に戻って相談してからでなければ、話すわけには行かない」

「何だい、その話って」

「責任があるんだ。それは新聞記者のお前にもわかるだろう」

苦渋の表情を見せる友人のその言葉に、村住記者はそれ以上の追及を辞めた。

遭難対策本部長が道警本部で、記者団に対して沢田リーダーの「遺書」を公表したのは十六日午後二時。それを知って村住記者は、拒絶せねばならなかった友人の心情に思いをはせた。

捜索隊の本部が家族らとともに入山して捜索が行われ、残る五人の遺体を発見したのは六月十七日。沢田リーダーの遺体のあった場所からわずか一㍍下で、寝袋に入ったまま並んで、眠ったままの姿だったという。

地底から生還した炭鉱マンのその後

昭和四十三年（一九六八）一月二十日午後六時過ぎ、美唄市字美唄の美唄炭砿二坑坑内でガス爆発が起こった。札幌本社社会部デスクから三笠支局勤務の私に、現場へ向かえ、と指示が来た。美唄支局には支局長と新人支局員がいるが、応援が必要と判断したのである。三笠から美唄までは二十キロメートルほどの近距離だ。

夕闇に閉ざされた美唄の街は積雪に埋もれ、事故の起きた坑口だけが照明に照らされていた。多数の死者が出ており、すでに第一報は美唄支局の記者が本社に送稿していた。

坑内には同社坑内員及び下請け会社小島建設の作業員らが入坑していたが、ガス爆発発生とともに多くの作業員が坑外へ脱出。だが逃げ遅れた七人が遺体となって発見され、十一人がまだ坑内に閉じ込められたままという。会社や労働組合から情報を取り、炭住街を駆け回った。炭鉱事務所には大勢の家族が詰めかけていた。その中に幼い兄妹がいた。兄が妹の肩を抱き、励ましている姿が胸に刺さった。

坑道に〝死の封印〟

美唄炭砿事故

この暗い奥にまだ十一人が・あきらめ切れず立ち入り禁止の坑口にたたずむ家族たち

ガス量ふえ仮密閉 11人の生存、全く絶望

—死亡者—

—不明者—

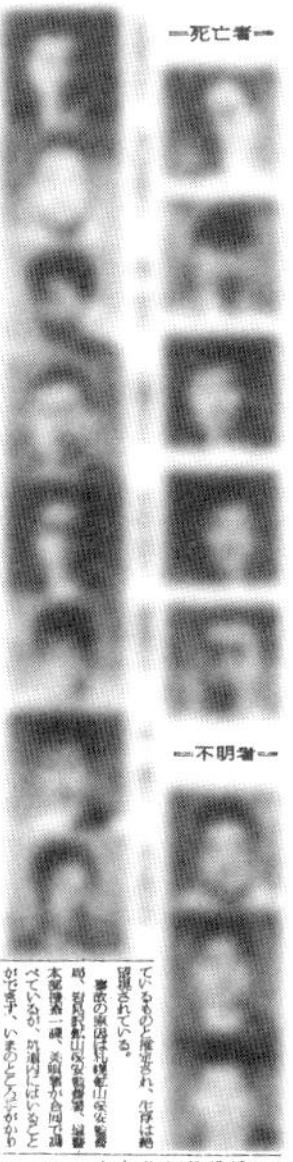

救出作業再開 早くても今朝

存続を心配する者も

損害は数億円 表情暗い会社側

弔慰金、最低額の百万円は確保

「坑道に〝死の封印〟」と報じる、昭和43年1月22日の北海道新聞

夜十時過ぎ、本社社会部の記者とカメラマンら一行が到着した。その中に釧路でともに事件を担当した亀山良三記者がいた。朝刊の原稿を送り終えたのが夜中の翌日午前一時過ぎ。まんじりともしない一夜が明けた。

きょうは日曜日なので夕刊がない。その時、会社側から意外な通告が出た。

「坑内のガス量が危険数値に近づき、再爆発の恐れが出たので、鉱山保安監督署の勧告に基づき、救出作業を一時中断、九番層左三片坑道に空気を遮断する布張りをした」

二次災害を恐れての措置だが、坑内にはまだ十一人の坑内員が残っている。

「これじゃあ、〝死の封印〟ではないか」

亀山記者が怒りの口調でつぶやいた。翌二十二日の北海道新聞朝刊はこう伝えた。

坑道に〝死の封印〟／十一人の生存全く絶望／救出作業再開早くても今朝

この新聞が配られた朝、丸一昼夜を経て安全が確認されたとして、救出が再開され、午後から夕方にかけて六人の遺体が発見された。

午後七時過ぎ、〝奇跡〟が起こった。九番層左三片坑道の上部に延びる左二半片坑道で、小島建設作業員の坂口新八郎さん（四四）と逢坂隆郎さん（二九）が、手を取り合い横たわっているのが発見されたのである。

炭住街は歓喜に沸き立った。坑口には大勢の人たちが詰めかけた。その中にあの兄妹、秀世君（一二＝中二）と薫さん（九＝小三）がいた。秀世君は「父さんが死ぬわけがない」と記者に健気に話し、安堵の表情を見せた。この時、母は病気で入院中なのを知った。

生還者が担架に乗せられ坑口に出てきた。どっと歓声が上がり、カメラのフラッシュが光る。興奮に包まれる中、救急車が病院に向けて走りだす。その後を追う兄妹の姿……。

翌日の朝刊は、事故から丸二日経て生還した二人の奇跡とともに、相次いで遺体が発見され、死者数は十六人になったなど、悲喜こもごもの様相を伝えた。

生還現場から坂口さんの書いた〝遺書〟が発見された。爆発で吹き飛んだ板切れ二枚に書いたものだった。一枚は現況を伝えるもの、もう一枚には次のように記されていた。

坂口新八郎さんが爆発事故で閉じ込められた地底で板切れに書いた「遺書」（筆者蔵）

秀世よ、かおるをたのむぞ。母さんを大切にしてくれ。もうだめかも（表面）

しれ（ね）ぬ。絶対死にたくない。どんなことがあっても（裏面）

病院に運ばれた坂口さんは、低酸素症後遺症と診断され、美唄労災病院に移されて高圧酸素治療などが行われた。意識が戻ったのは二月八日夜。救出から十八日目だった。だが脳に必要な酸素が行き届かなかったことから、知能は鈍ったままという後遺症が残ってしまった。

それから三年、病床の妻が亡くなった。そして翌昭和四十七年春、坂口さんを〝廃人〟にした美唄炭砿が閉山になった。だが坂口さんはその事実さえも認識できなかった。

坂口さんに「症状固定」の診断が出て、岩見沢の身障者療護施設に移された。治る見込みがないので治療の必要もない、というものだった。兄妹は親戚の手助けで高校を卒業、就職し、坂口さんは兄妹の住む札幌の病院に転院した。この間、私は転勤を重ね、札幌に異動してからは、秀世さんに伴われて何度も病床を訪ねた。

平成元年（一九八九）八月二十九日朝、出社すると机にメモが置いてあった。秀世さんからの電話で、「父が今朝早く亡くなりました」と書かれていた。事故から二十五年の歳月が流れていた。

その夕、通夜の席に赴いた。秀世さんが近づいてきて、「あの時の板切れの遺書が、本当の遺書になりました」と言い、さめざめと泣いた。

ドラマになった「女工節」

事件記者仲間に忠沢保孔という記者がいた。知性に富み、学生時代は演劇に傾倒したという。酒席になると根室支局時代に覚えたという「女工節」を、巨躯を揺らして歌った。その唄は一種独特の哀愁を漂わせた。

連載企画「百年のふるさと」という読み物を、釧路支社報道部でも一部受け持つことになり、その仕事が私に回ってきた。普段何かと忙しい事件記者に、たまに息抜きの時間を与えてやろうというデスクの配慮だったのかもしれない。

テーマは「カニ」。カメラマンとともに根室に着いた夜、支局長に案内されて入った店で、女将が歌う「女工節」を聞かされた。それは肺腑をえぐるようなものだった。

女工女工と軽蔑するな／女工さんの詰めたる缶詰は

横浜検査に合格し／あら、女工さんの手柄は外国までも

その哀調切々とした唄は、いまは異国とされた北方領土への望郷の唄にも聞こえた。

翌朝、根室の缶詰会社を訪ねた。〃北洋の厄介物〃とされていたタラバガニに着目したのが、この会社の初代、碓井勝三郎である。碓井は北方領土と呼ばれる国後島に工場を建て、カニ缶詰を生産して海外に輸出し、巨大な富を得た。だが戦後、北方領土はソ連に占拠され、経営は根室中心に縮小された。現在、根室にあるカニ缶詰工場は数えるほどで、ここには地元の女性が女工として働いていた。

原稿を書き上げ紙面に掲載されたのは昭和三十七年(一九六二)秋。その後もなぜか「女工節」が気になってならず、暇を見つけては根室に行き、元女工さんから聞き取り取材を続けていた。釧路から四度の転勤を重ねて札幌本社勤務になり、昭和五十四年にUHB北海道文化放送に出向し、編成部長になった。この時、これを番組にしたいという思いが募った。実は「女工節」をテーマに書いたノンフィクション作品『流氷の海に女工節が聴える』(新潮社刊)が、発売になったばかりだった。

急ぎ、「ドキュメント望郷の歌」のシナリオを書いた。ディレクターは伊沢昌太郎さん。若い女性が「女工節」を訪ねて根室を歩くルポルタージュの三十分番組で、翌年二月に放送された。地方局としては力のこもった作品になったと思う。

その直後、思いがけず、劇団文化座からこの作品を舞台化したいという話が、そしてよみうりテレビからドラマ化したいという話が、同時に舞い込んだ。地元札幌では高校生の合同演劇

劇団文化座の公演「流氷の海に女工節が聴える」の舞台（文化座提供）

公演にこの作品を使いたい、と相談がきた。

本当に驚いた。でも困ったのはよみうりテレビだ。競争相手のテレビ局に、フジ系列局の編成部長の作品を放映するのはひっかかる。しかしフジの編成局長が「いいじゃないの」と言ってくれ、UHB社長も了解してくれて、撮影が始まった。

脚本は岩間芳樹さん、監督は森川時久さん、主演はまだ慶應義塾大学在学中の紺野美沙子さん。作品は芸術祭参加作品として木曜ゴールデンドラマ「海峡に女の唄がきこえる」のタイトルで、昭和五十六年晩秋の夜八時から放映された。作品の原作者の心境とはどういうものか、初めて味合わせてもらった二時間だった。

文化座の公演は翌年二月末から三月にかけて、東京・俳優座劇場で催された。主演は鈴木光枝さん、小林真喜子さん。熱っぽい公演が終わって舞台に上げられた時、強烈な照明に照らされて何も見えず、嵐のような拍手の音を呆然と聞いていた。

ふいに、巨躯を揺らして歌う忠沢記者の姿が瞼に甦った。

満蒙開拓団の最期を記した七冊のノート

「北満農民救済記録」と記された七冊のノートが、忽然と現れたのは昭和五十二年（一九七七）七月二十三日、札幌市中央区の西本願寺で「満州開拓団義勇軍三十三回忌法要」が催される直前である。年輩の男性が訪ねてきて、主催者にノートを手渡し、「これを霊前に供えてほしい。私のことは詮索しないように」と述べ、立ち去ったという。

主催者の日中友好手をつなぐ会北海道支部長の柴田正雄さんらは、法要後に改めてそのノートを見て息を呑んだ。満州開拓団の約百団の最期が克明に綴られていたのである。報道機関に公開され、戦後三十二年を経て出現したノートは、話題を呼んだ。

それから数日後、私は柴田さんらの突然の訪問を受けた。「七冊のノート」をもとに満州開拓団の最期をまとめて出版したいので、執筆してもらえないか、という相談だった。二年前、日中国交が回復してすぐ、北海道労働者訪中団の一員として訪中し、ルポルタージュを新聞に連載した。それを読んで私の存在を知ったようだ。

このノートは、ソ連の参戦により開拓地を追われた開拓団が、集団自決などの大きな犠牲をはらいながら、中国のハルビンに着き、越冬に入ったころ、日本人会農民部長の大塚謙三郎さんの指示で、各開拓団の代表者に現況を報告させたものである。

これをきっかけに取材が始まり、『死の逃避行　満州開拓団27万人』（富士書苑）が昭和五十三年に発刊された。さらにノートに出てくる報告者名を頼りに追跡し、全体の三分の二近い六十余人まで突き止めたうえ、報告書をまとめた人物が鹿児島にいることがわかり、直接会うことができた。肝心の大塚さんはすでに亡いが、農民部次長の白田岩夫さんの証言から、大塚さんの指令で何者かがノートを持参してハルビンを脱出したことも判明した。

新たな事実が明らかになるたびに、続編となる『証言　満州開拓団死の逃避行』『追跡　満州開拓団幻のノート』（いずれも富士書苑）を出版した。この段階で、このノートは政府に返済すべきであると考え、厚生省に送ったところ、受け取る担当部局がないとして返送されてきた。

心に引っかかるのは、ノートを持参した後、行方がわからない男性の存在だった。

思いがけないところから謎が解けだした。ある会合で一人の男性から、「私の父かもしれない」と告げられたのである。ところがそれっきりその男性と連絡が取れなくなった。後で知るのだが、病に倒れて臥せていたのだという。

体調が戻って十年ぶりに再会したのは平成二十五年（二〇一三）夏。彼は会うなりこう述べた。

「北満農民救済記録」と表書きされた七冊のノート（筆者蔵）

「あれから父は亡くなったが、遺品を整理しているうち、父の日記が見つかり、そこに、西本願寺で催された法要の際、ノートを持参したと記されていた。間違いなく父です」

札幌市内の自宅を訪れ、本人の日記を見せてもらった。そこには細かな経過が綴られていた。そして夫人から、「義父がノートを持参するといって出かけた」という事実も知らされた。

当の男性は明治四十一年（一九〇八）、山形県生まれ。地元の小学校助教諭から出向して朝鮮平安南道（現北朝鮮）の国民学校（朝鮮人学校）の教諭になり、一年ごとに転勤を重ね、校長になるが、昭和二十年（一九四五）八月、終戦になり、日本居留民会の業務に携っていた。

ノートと出合ったのはこの時と推測できる。何者かに「日本に持ち帰ってくれ」と手渡された男性は、昭和二十二年初夏、仲間とともに船で脱出し、山形県に戻るが、昭和二十五年夏、初めての北海道に渡り、宗谷管内の小学校教諭になり、小学校長を最後に昭和四十三年、定年退職し、札幌市白石区に移り住んだ。

そして満州開拓団の法要が営まれるのを新聞で知り、保存していた七冊のノートを持参し、「私のことは詮索しないように」と頼み、立ち去ったのである。この時六十九歳。

長年の謎がようやく解けた。私の手元にあるノートは近々、しかるべき場所へ寄贈することにしている。

龍馬の甥の直系、坂本直行さんの気概

事件記者から地方記者へ。昭和三十九年（一九六四）春。広尾支局長に発令になった時は本当に驚いた。まだ三十歳。幼子と身重の妻を抱えての赴任だった。

管内は広尾、大樹、忠類の三カ町村。挨拶回りに大樹町を訪ねた。この町長は新聞記者嫌いで名が通っていると前任支局長に教えられていた。だが初めて会って、そんな感じは微塵もなく、野武士の風格を漂わせたどっしりした人物に思えた。

その町長が突然、「今夜空いているかな」と問うた。はい、と答えるとどこかへ電話をかけ、総務部長に配車を依頼し、私を誘って車に乗り込んだ。車はそのまま南に進んで広尾町豊似の農家の前に停まった。そこが坂本直行さんの家だった。町長は新参支局長の私を、お気に入りの直行さんに紹介したかったらしい。

町長はひどく機嫌がいい。直行さんも相槌を打っている。そのうち直行さんが奥の間から古びた掛け軸を持ち出してきて広げだした。この家の家宝らしい。それを質すと、

「これは龍馬が死んで十五年後に、勝海舟が書いて坂本家に寄せたもの。そちらは西郷隆盛が書いたものです」

と説明した。坂本家は龍馬の本家筋に当たり、龍馬の兄権平から数えて四代目になる。肝をつぶすほど驚いた。夢中になって写真を撮りまくった。すると直行さんは、

「写真を撮るのはいいけれど、新聞には載せないでほしい」

と言った。なぜだめなのか。写真を撮らせておいて、断るなんて。でも町長は何も言わず笑っている。わかりました、と折れた。

酒宴になった。そのうち直行さんは、ふと、「龍馬は龍馬、俺は俺だ」と言った。龍馬がどうの、こうの、と言われるのが嫌らしい。その言葉の中から、歴史上の人物を先祖に持つ家庭に育った人間だけが抱く、複雑な心境を感じたのだった。

直行さんは土佐人を指して言う〝いごっそう〟そのものだった。北大を出て、家人の止めるのも聞かず、十勝の未開地に飛び込み、開拓に挑んだ。厳しい作業の合間に日高山脈や山野の花を描いた。やがて山岳画家、農民画家として名を高めていった。

私も広尾を去り、三笠、室蘭、旭川を経て札幌へ異動した。この間、毎年元旦になると、直行さんから絵入りの年賀状が届いた。絵の具で描いた手書きの絵は、柔らかいタッチで、熱い思いが詰まっているようだった。

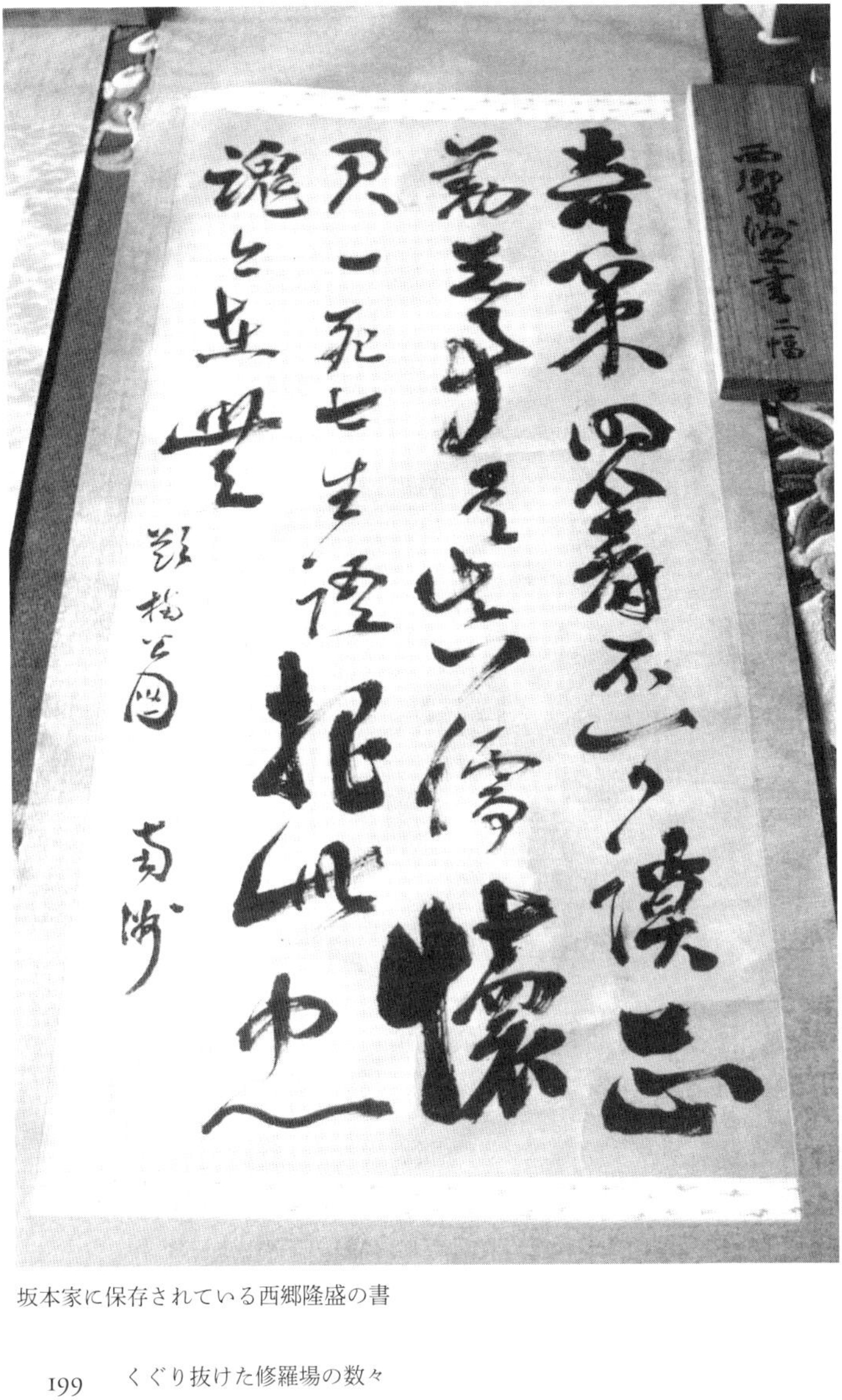

坂本家に保存されている西郷隆盛の書

坂本直行さんから届いた年賀状（筆者蔵）

北海道に龍馬会が結成されて、今は亡き直行先生宅を訪ねて、海舟、西郷の書と再会した。書の写真を撮ってから四十年の歳月が流れていた。

龍馬が蝦夷地を開拓しようと行動に移した事実を、本人の便りや海舟の日記などを用いてまとめたノンフィクション作品『龍馬、蝦夷地を開きたく』（寿郎社）を平成十六年（二〇〇四）春、出版した。

龍馬会の仲間は大喜びしてくれたが、地下の直行先生は何というだろうか、としばし考えていた。

フランスで〝タイクンの刀〟と出合う

「タイクンの刀」の話を耳にしたのは、昭和六十三年（一九八八）夏、日曜版の連載企画「歴史の源流をたずねて」の取材で、フランス・パリを訪れた時である。タイクンとは最後の将軍、徳川慶喜を指す。フランスと慶喜の組み合わせに興味を抱いた。

帰国の前日、刀の持ち主のジュール・ブリュネの曾孫、エリック・ブリュネさんに会い、刀掛けに掛けられた三振りの日本刀の写真を見せられた。実物を見たいと頼んだが、時間がなく、また来てください、とやんわり断られた。

帰国して、本気になって調べだした。ブリュネは幕府の軍事顧問団の副団長で砲兵大尉だが、戊辰戦争が起こるとフランス軍人の身分を捨て、榎本武揚とともに蝦夷地に侵攻し、新政府軍と戦った。フランス大使により強制的に帰国されたが、その行動はフランス人の喝采を浴びたという。

「タイクンの刀」を追跡する好機が巡ってきた。日曜版の連載「パリ・近郊名画のある風景」

の取材で、後山一朗カメラマンとの二人旅。二週間の滞在だから、時間に余裕はあった。

エリックさんと再会し、「タイクンの刀」と対面した。刀掛けの上段に大刀、真ん中に脇差し、下段に短刀が置かれている。ちなみに刀の呼び名は刃渡り二尺（六十・六センチメートル）以上が大刀、二尺未満から一尺（三十・三センチメートル）までが脇差し、一尺未満が短刀である。

大刀は素人目にも安物の感じで、とうてい「タイクンの刀」とは思えない。脇差しは柄に金色が施され、鞘は栗色の地に金色の花模様。金色の金具の中に、中丸に割菱の家紋入りで、見るからに立派だ。短刀は鞘が黒地に金色で花模様。柄の部分が剥がれて布地が出ている。鞘の脇に小束、つまり手裏剣がついている。だがどれが目的の刀か、わからない。

帰国して、慶喜とブリュネの接点は慶応三年（一八六七）三月二十七日、大坂城での謁見式と知った。参加者は大使はじめ顧問団団長シャノワンヌ、副団長で砲兵隊長のブリュネ、騎兵隊長デシャルム。『幕末維新外交資料集成』には献上品、下賜品などと書かれているのに、刀剣の文字は見えない。

だがフランス大使ロッシュを頼りにする慶喜は、フランス軍人との謁見を心待ちにしていた。イギリスやロシア、アメリカなどとは対応が違っていたはずで、フランス軍人三人に密かに刀を手渡したのはこの時、と想定した。それなら記録に残すわけがない。

道新を退職して後も、心の底に「タイクンの刀」が重く沈んでいた。最後の手段として、東京

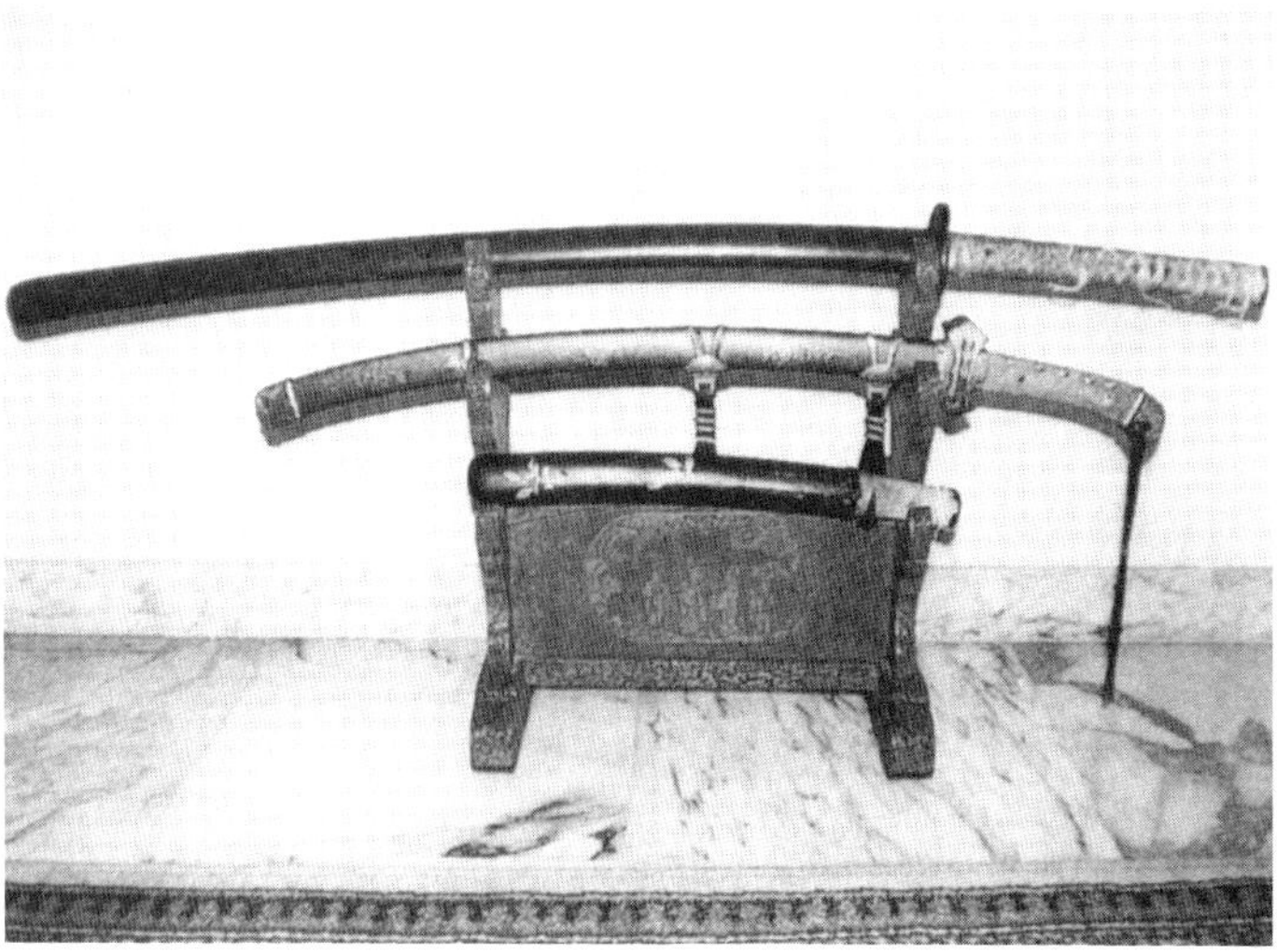

ブリュネが持ち帰った大君〈タイクン〉の刀（フランス・ブリュネ家蔵）

にいる知人の刀剣鑑定家に同行してもらい、またフランスへ飛んだ。

この鑑定家の見立てにより、短刀が「タイクンの刀」であると判断できた。「兼分」の銘が入っている四百五十年前の古刀である。

驚いたのは脇差しで、何と松前藩主が天皇を守護する時に腰に差す「衛府の太刀」と判明した。松前藩は戊辰戦争の最中、京都の御所の守備についている。その太刀が奪われた時期となれば、箱館戦争の際の土方歳三の松前攻撃以外にない。歳三は松前城を攻め落とした後、戦利品として押収したこの刀を、ブリュネに手渡したのではないか。

三振り目の大刀は銘もない、どこにでも

ある安物だった。だが調べていくうち面白い事実にぶつかった。ブリュネは榎本軍に合流する直前、同行するカズヌーブ伍長とともに、横浜のイタリア館の新築記念パーティーに出席し、日本武士の仮装でダンスを踊っているのだ。踊り終わった二人はフランス式の敬礼をし、仮装姿のまま馬で脱走した。

仮装ダンスの時に用いた刀が、この名もないこの大刀と思えた。ブリュネにすればフランス軍人と決別する重要な小道具であり、手放すことができなかった……と推察した。

ノンフィクション作品『大君（タイクン）の刀　ブリュネが持ち帰った日本刀の謎』（北海道新聞社）が発刊されたのは平成九年（一九九七）春。退職して三年の月日が流れていた。

日ロの架け橋になったコースチャ坊や

先日、テレビを見ていたら、全身にやけどを負ったロシアの幼子、コンスタンチン坊や（当時三歳、愛称コースチャ）が、いまは成人して結婚し、子どももできて、幸せな暮らしをしているというニュースが流れた。ふいにあの時が甦った。

平成二年（一九九〇）八月二十七日午後二時ごろ、ソ連（現在のロシア）のサハリン州知事から道知事のもとに、やけどを負った幼子の治療を要請する通報が入った。「幼子の命はあと七十時間」という。日ソ間に平和条約は結ばれておらず、ビザなしでソ連人を救急移送することはできない。だがこと人命に関わる問題だ。

道知事の決断で移送の交渉が始まり、外務省も動きだした。医師の派遣が決まった。法務省と協議して「仮上陸」という特殊な滞在許可が取れた。

翌二十八日午前三時四十五分、緊迫した空気の中、札幌医大付属病院救急集中治療部の金子正光教授らを乗せた海上保安庁のＹＳ－11は、千歳空港を飛び立った。同七時、ユジノサハリンスク空港着。やけどを負ったコースチャは、父親のイーゴリさんに付き添われて同機に乗り込み、同九時近くに丘珠空港に着いた。ここからヘリコプターで札幌医大へ運ばれ、集中治療室に入った。息詰まる時間との戦いである。

三十日、第一回の皮膚移植手術が行われた。この報道は全国的な話題になり、「コースチャがんばれ」の声が寄せられた。見舞金も続々集まり、一千万円になった。母親のタリーナさんも稚内経由でやってきた。

九月に入って皮膚移植を含む四回の手術が行われ、十月十一日に六回目の手術が完了。コースチャは一般病棟に移される時、Vサインを作り「ピース」と叫んだ。

道や両親の要請で、治療費を除いた見舞金で「コースチャ基金」が設けられ、コースチャは日ソをつなぐ架け橋となった。コースチャが両親とともに帰国したのは十一月二十三日。

「医療交流使節団に同行して、サハリンへ行くように」

突然、編集局長からこんな命令を受けたのは十二月十三日。別の仕事で香港から帰国した翌朝だった。ソ連サハリン州の医療事情を調査する使節団の団長は、コースチャの治療を担当した金子教授だという。坊やのその後の病状チェックがもう一つの目的と直感した。

新潟経由でユジノサハリンスクへ。使節団は二十三日朝から同市立総合病院の実態を調査した。金子教授は顔を歪め「薬品が不足して深刻な状態だ」と私にぼそりと言った。

コースチャ 順調だね

一ヵ月ぶり経過診断

札医大医師団

サハリン

コースチャ一家と1カ月ぶりに再会、その後の経過や札幌の思い出を語り合う金子医師（左から2人目）ら＝24日午前10時30分（日本時間同8時30分）、ユジノサハリンスク市立小児科病院、河野正樹記者撮影

州知事が医療協力要請

左側がコースチャと金子教授の再会を報じる、平成2年12月25日付の北海道新聞（筆者蔵のスクラップ帖より）

コースチャと再会したのは二十四日昼前、市立小児科病院を調査した後。一家は応接室で待ち構えていた。金子教授が姿を見せると両親が「コースチャ、神様がきたよ」と声をかけた。近づくコースチャ、抱き上げる金子教授。

コースチャはいま、家でナトリウム治療を続けているといい、「ありがとう」「かゆいよう」などと言いながら、甘えてみせた。心なごむ時間にだれもが笑顔だった。

金子教授に会ったサハリン州知事は「いまソ連が抱えている最大の問題は医療です。札幌医大から医師を派遣してほしい」と述べた。

町を歩いて、問題は医療だけではないことを実感した。建物の壁に小さな貼り紙がびっしり貼られている。「家とオーバーを交換して」と書かれたのを見て、驚いた。何もかも不足しているのだ。

こうした動きを北海道新聞は「北の隣人に愛の手を」のタイトル付きで連日報道した。この間、やけどで札幌へ送られる患者が相次ぎ、日本国民の善意で集まった一億円を超えるコースチャ基金が使われ、日ソ交流は深まった。

あれから二十五年。ソ連はロシアに変わり、国力を十分につけた国家に変貌した。日ロ間に横たわる北方領土問題が少しも進展していないいま、あの時のコースチャの存在を、まばゆく思い返している。

あの頃、俺たちは事件記者だったV

事件記者時代を振り返る四人。
左から、林、錦織、合田、亀山

座談会

錦織俊一
亀山良三
林　芳朗
合田一道

初心を貫いて選んだ新聞記者

――最初に、なぜ新聞記者になろうとしたのか、から話を始めよう。まずニシさん（錦織）から。

錦織　ジャーナリズムに対する憧れがあった。それも活字媒体。でも受験したのはなぜか北海道新聞社一社だけ。一次は受かったが、二次の面接で落とされてしまった。

教育者の父に「新聞記者より学校の先生の方がいい」と勧められ、道の教員試験を受けて合格した。母校の釧路江南高校の教頭先生から「うちに来い」と言われ、内定を貰った。

ところが帰郷途中、東京・中野の沼袋のアパートから列車内の私に電報が届き、「道新から補欠合格の知らせがあった」と伝えられた。

亀山　えっ、沼袋？　大学時代に移り住んだ下宿の一つがそこにあった。そうか、じゃあ同じ頃、あそこで暮らしていたというわけか。

錦織　そうだね。この頃、将来を約束した二年後輩の女性がいたので、その話をしたら、彼女の父親なんかは「新聞記者より先生の方がいい」と言うんだ。しかし初心を貫いて道新を選んだ。

入社してすぐ研修期間があり、編集、営業も含めた同期の二十人ほどと札幌本社で過ごし、配属されたのが「故郷に近いところ」ということで、いきなり釧路支社の整理部へ。整理部っていうのは、原稿の扱いを決めるポジション。いい勉強になった。

亀山　初めからサラリーマンにはなりたくない。性格的に合わないと思っていた。樺太から引き揚げて、父親は札幌で露店を始めた。高一の私は父を助けて毎朝早く、汽車で小樽まで魚を仕入れに行くのだが、魚を入れた缶がナマ臭い。サラリーマン風の男性が「臭いからあっちへ行け」と車内から追

亀山良三

い出された。デッキに出て、なぜ引揚者である我々のような者がこんな目に会わなければならないのか、と腹が立った。

虫ケラのように追い払った彼らを、いつかやっつけてやる。それには正義を貫く新聞記者しかない、そう思った。

合田　なるほどね。

亀山　机に座ってふんぞり返っているような職業は嫌だ。反骨精神を貫くには、この道だと決意した。

道新に入社して最初は根室支局勤務。ソ連に襲われた少年期、そして今度は目と鼻の先に見えるソ連に占拠された北方領土とその海域。何となく因縁めいたものを感じた。ここでの取材は学ぶべきことが多かったな。

林　芳朗

通信員から〝探訪記者〟へ

林　大学在学中に病気になり、卒業まで七年間もかかってしまって。なぜ新聞社を目指したのかというと、商大出たのだから大企業にでもいけばいいのに、へそ曲がりというのか、それは嫌だった。

入社して赴任したのが釧路支社。同期の二人は校閲部だったが、幸いにも報道部の、いきなり警察担当になり、合田キャップと出会った。

合田　そうそう。リンちゃん(林)が新たにサツ回りになると聞いて、釧路署の警備課長が、どんな人物かと探りを入れてきた。学生時代に「赤旗」を読んでいたというのが理由らしい(笑い)。

記者はどんな新聞だって読むよ、って言ってやったら、黙って引っ込んだ。

林　入社して会社の独身寮に入って一カ月余り経った時、チリ地震津波が押し寄せた。寮の前を流れる釧路川が大きく膨らんでいた。どうすればいいのか、何も出来なかった。あの衝撃は忘れられない。

合田　私は、土建会社を経営していた父親の跡を継ぐつもりだったが、高校に入学すると新聞部に入り、すっかりはまってしまった。子どものころ読んだ、『少年記者ピエル君』という本に影響されたんだ。

　父親に殴られるのを覚悟で「親父の仕事は継がない。新聞記者になる」と言ったら、「やってみろ。探訪記者になれ」と言われた。そんなに簡単になれるわけもないのに……。

　その父が高三の時、突然死んだ。長男なので退学を覚悟したが、そんな時、私の制作した高校新聞が北海道新聞主催の第一回全道高校新聞コンクールで優勝した。卒業後、砂川支局の通信員にしてもらい、二年後に大変な倍率の入社試験に合格した。帯広支社編集部から釧路支社報道部へ移動し、事件担当になった。

　父の言う探訪記者とは社会正義を貫け、という意味が込められていたように思う。働きながら苦学して大学を卒業したのはずっと後。

錦織、亀山、林　そうだったの。ゴーちゃん（合田）のこんな話、初めて聞かされた。

紙面を通して読者と繋がる

――では、あの頃の取材の話に移ろう。
亀山　事件記者時代の話ではないが、留萌支局に勤務していた時、未曾有の大水害に見舞われた。道や道新が主催するフル・トライアスロン競技が二日後に迫っていて、実現が危ぶまれたが、裏方やボランティアの人たちの善意で、二百人の選手の宿泊も見通しがつき、何とか開催にこぎつけた。

本社販売局から、災害の模様をＰＲ版に「その時、支局は……」の題で書いてくれ、と頼まれた。いささか面はゆい思いで書いたところ、それを読んだ読者から便りが届いた。

新聞社というのはこんな苦労をしてニュースを読者に届けているのを知り、胸を熱くなった、という内容で、短歌が一首書かれていた。新聞と読者は紙面で繋がっている、新聞記者になって良かったとしみじみ思った。


林　事件担当の時から心を傷めていたのが、患者の病院たらい回しだった。事故で怪我をした人をパトカーに乗せて病院に運ぶが、病院側は医師が不在などの理由で対応できず、別の病院を探さねばならない。それにより手遅れになるケースがよく見られた。

市政担当になり、この問題を解決することはできないか、と釧路医師会や市役所、釧路署などを歩き回った。医師会長はこの話に大乗り気になった。

医師の立場からすれば、救急患者はいつくるかわからないから、夜も寝ていられないし、おちおち酒を飲んで酔っているわけにもいかない。輪番制で当番医を決め、その医師が担当すれば、他の医師は心おきなく休むことができるというわけだ。

問題はその日の当番医を、市民にどう知らせるかだった。そこで、その朝の紙面に

昭和30年代の北海道新聞釧路支社（『釧路市史』〈昭和三十二年〉より）

「本日の当番医」を掲載して周知する方法を考えた。

合田　そうか。いまどこの地方版でも掲載している「本日の当番医」は、それがきっかけだったんだね。

林　そうなんだよ。でもよく掲載を上司が認めてくれたと、いまになって思う。道新が掲載するというので、医師会はもとより、市役所も釧路署も諸手を挙げて賛成した。どこも待ち望んでいたことだったんだね。

一記者の発想がもとで、関係機関の調整役となり、あっという間にまとまった。この制度が発足して、市の民生部長の音頭で「林記者をねぎらう会」が市内の料亭で開かれた。医師会会長と幹部、釧路署の幹部、釧路市の幹部らが出席してくれた。雛壇に座らされて、新聞記者冥利とはこういうものか、と。胸がジーンとなった。

錦織　素晴らしいことだ。いま道新の地方版には、どこも「本日の当番医」が載っている。リンちゃんのアイデアが、全道に広がったわけだね。

合田　小児麻痺が大流行し、厚生省は急遽、都道府県を通じて各保健所にワクチン接種の費用を配付した。ところが釧路の保健所の担当課長がそれを別なことに使ってしまった。道新の報道により課長は左遷された。

それから一年後、小さな町の支局長になり、そこの保健所に挨拶に行ったら、全員が立ち上がって迎えてくれた。後で知ったのだが、その時の課長がそこにいて、「今度くる支局長には気をつけろ」と吹聴したらしい。医師だった所長が、何かというと支局を訪ねてきては、こちらをおだてるような話をする。何かあったら大変、わしのクビが飛ぶとでも思い、どんなことをしているのか、様子を伺いにきていたらしい（一同爆笑）。

死体発見の報に、心から安堵

亀山　道新生活三十七年余りの中で、強く残っているのは、心臓移植の取材だった。詳しくは本文で書いたが、強烈な個性を持つ和田教授の顔は、いまなお忘れようにも忘れられない。もし、天国？で再会できたら、オペを決断した〝本音〟を聞きたいものだ。

合田　忘れられないのは〝死体なき殺人事

件″だ。これは本文でも書いたが、殺人を自供した容疑者を連れて、埋めた死体を掘り起こしに行く、というまでは道新の独走だったが、肝心の死体がいつまで経っても見つからない。

そんな時、転勤の内示が出た。他社は「道新の勇み足だ」「合田の虚報だ」と陰口をたたいた。実際に容疑者が自供したといったって、死体が見つからなければ犯罪は構成しないわけだから焦った。

合田一道

そしていよいよ釧路を出発する前日、宿泊先の旅館にカメさん(亀山)から電話がきた。「死体が見つかった。明日の朝刊で書く」と。あの時は、嬉しくて涙が出た。

亀山　そうだったね。ところでゴーちゃんは根室の２００カイリ海域の漁船だ捕を目撃したんだろう。あの時は、危なかったというじゃないの。

合田　漁船が大量にだ捕されて、その中に高校生が含まれていたという事実を、朝日新聞に抜かれた。自分らの意識の低さに地団駄踏んで悔しがっていたら、釧路海保の巡視船「つがる」が２００カイリの海域パトロールに出るという。その船に乗り込んだ。「危険な海域をゆく」という取材だった。

錦織俊一

ところが秋勇留島の周辺海域でソ連監視船が漁船三隻をだ捕した現場にぶつかった。船長は一隻でも助けようと、巡視船を全力で突進させた。その時、旗が三枚並んで揚がった。「わが領海、立ち去れ」の初めて見る国際信号旗だった。船長の命令で船を急ぎ旋回、後退した。

あの時、相手がもし射撃してきたら、武器を持たない巡視船はどうなったか。ぞっとする。

林　外交問題になるすれすれだったのではないか。そんな気がするね。

錦織　うん。巡視船がソ連の主張する領海内に入っていたわけだからな。このいわゆる〝領海12カイリ問題〟だが、その後も日ソ（ロ）の主張が対立したままで、いまだに解決していない。

合田　確かにそうだ。後の話だが、ヨーロッパを取材中、フランス人記者がこんな話をしていた。「新聞記者は宇宙飛行士と同じさ。だってその先に何があるのかわからないだろう」って。

確かにあの時は、先に見えない何かがうごめいているようで、見当もつかなかった。

やり甲斐のあった記者生活

錦織　事件記者時代、なぜ、あれほど本気になれたのか。それは人間が生きていくうえでの原点がそこにあったからだ、と思う。

世の中には殺人、交通事故といった死に繋がる犯罪から、窃盗、横領や、暴行、傷害などの粗暴犯、詐欺などの知能犯まで、さまざまな事件がある。それを扱う警察は人生の縮図といっても過言ではない。そこを職場にわれわれは生きた。事件記者として青春を捧げ尽くした、と実感している、と言ったら大げさかな。

亀山　新聞と警察は多くの共通点がある。最大のものは正義を貫くということだ。その点では一体感がある。それだけにわれわれは身を引き締めなければならないし、警察の毅然とした態度に学ぶべき点も多い。

林　釧路での事件記者生活は、全体からみればわずかな期間だったが、生きるうえでさまざまな人生体験をさせてもらった。書くべきか、書かざるべきか。おのれの信念を貫く姿勢の大切さを身につけた、と思っている。

亀山　振り返ってやり甲斐のある記者生活だったと思っている。今でも取材相手だった人たちと、交遊している。

本文で書いたソーラーカー取材で豪州に出張した際、壮行会を開いてくれたのは、岩見沢時代の人たちなんだ。当時の空知支庁道職員、岩見沢市役所職員、仲の良かった毎日新聞支局長、飲み屋のママさんも入れて会員は二十人で、あれから毎年〝岩見沢会〟と称して、札幌か岩見沢に集まって、思い出話に花を咲かせている。

生まれ変わっても、絶対、新聞記者になりたいとつくづく思うね。

合田　何を基準に書くのか、と問われたら、臆せず「社会正義のため」と答えたい。世の中には見えない善もあるし、闇にうごめく見えない巨悪もある。表面から見ただけではわからないことも多い。自分で調べ、こうと判断したら、その道を進みたい。

育て、ジャーナリスト

――最後に、いま一線で活躍している若い新聞記者に一言ずつ。

亀山　一部の記事だが、表現が型通りで感情がこもっておらず、面白くない。特に歳時記の記事にワンパターンが多い。例えば、大通公園の季節を表す花時計。毎年ほとんど同じ内容だ。記者の努力が足りない。

こうした表現の未熟や、言葉遣いの貧しさはなぜか……。原因の一つは、若い時にテレビばかり見て、読書をあまりしなかったのでは、と思うよ。

錦織　新聞記者だからといって、ふんぞり返っていては駄目。目的を持ってターゲットに迫る。これが大事だ。それと自己研修を怠らないこと。読書をしない記者は失格だな。

林　問題意識を持って世の中を見る。そこから不条理なものが見えてくる。それを突いていくのが記者だろうと思う。

合田　新聞記者はジャーナリストとして、社会正義の立場から、そこを見抜いて書くべき、と考える。もう一つ、これはあらゆる新聞社への要望だが、真のジャーナリストをより多く育ててほしい。新聞離れが激しい現代、読者が求めているのは、このジャーナリストの文章なら信用できる、読むに値する、という信頼感だ。

人材を育てることこそ新聞の生き残る最大の道と考えている。

――では、この辺で。

［あの頃、俺たちは事件記者だった］四人の略年表

昭和8年（1933）この年から昭和10年にかけて、四人各地で出生（合田・上砂川町、亀山・樺太豊原市、錦織・弟子屈町、林・滝川市）

昭和16年（1941）12月8日、太平洋戦争起こる。四人それぞれの土地で国民学校（小学校）の学童として戦中を過ごす。

昭和17年（1942）11月1日、1県1紙制により北海道新聞誕生。

昭和20年（1945）8月15日、終戦。

昭和29年（1954）9月26日、洞爺丸台風。

＊この時期から昭和35年にかけて、合田、亀山、錦織、林が相次いで入社し、本社、支社、支局へ。

昭和33年（1958）2月9日、強制連行の中国人・劉連仁、当別の穴ぐら暮らし発見。

2月、王子製紙苫小牧争議。デモ隊衝突。

昭和34年（1959）11月27日、はがき通報殺人事件、釧路市郊外で遺体発見。

昭和35年（1960）3月27日、豊頃村で一家四人惨殺。3月、☆合田、釧路報道部の事件担当キャップに。

昭和36年（1961）

4月、☆林、事件担当に。

5月24日、チリ地震津波。道東沿岸に被害。

3月、☆錦織、事件担当に。

6月19日、釧路刑務所で受刑者脱走舞い戻り事件。

8月30日、根室の国境海域で漁船多数だ捕。緊急警戒中の巡視船に、ソ連監視船が国際信号旗で「わが領海、立ち去れ」（同船に同乗。☆合田）

昭和37年（1962）

4月、☆亀山、事件担当に。☆四人の出会い（以後、担当変更や転勤で離合集散）

7月15日、警察官による運転免許不正事件発覚。

秋、本社企画「百年のふるさと」に「カニ」を掲載（後に作品『流氷の海に女工節が聴える』を出版。☆合田）

12月19日、「死体なき殺人事件」発生。

昭和38年（1963）

秋、釧路支社紙の企画「凍土」に、戦時中の「ひかりごけ事件」を掲載（後に作品『裂けた岬』を出版。☆合田）

昭和39年（1964）　2月19日、「死体なき殺人事件」容疑者逮捕。
3月、☆合田、転勤で釧路を去る。☆亀山、事件担当キャップに。

昭和40年（1965）　3月26日、北大生ら六人、日高山系札内川上流十の沢で大雪崩に遭遇し、全員死亡。リーダーの遺書発見。
3月、☆錦織、東京支社社会部へ移り、その後、政経部へ。社会党、首相官邸、外務省、自民党などを相次いで担当。
10月5日、釧路市新富士海岸で炊事遠足爆発事故。

昭和41年（1966）　9月7日、弟子屈の上空で、遊覧セスナ機が火災事故。

昭和43年（1968）　1月20日、美唄炭鉱で爆発。十六人死亡。二人、奇蹟的に生還（後に作品『生と死をわけた一瞬』を出版。☆合田）
8月8日、札幌医大で心臓移植（各社の代表幹事に。☆亀山）
昭和47年（1972）　3月、☆林、東京支社政経部へ移り、野党担当に。後に官邸・平河なども担当したが、主に野党。
7月、☆錦織、自民党福田派を担当。「角福戦争」と呼ばれた首相公選を取材。

昭和48年（1973）　田中角栄首相の訪欧、訪ソに同行してドイツ、フランス、ソ連を回る。モスクワで一行と別れ、一カ月間単身、中東の産油国を取材。帰国後に連載を執筆（☆錦織）

昭和49年（1974）　1月、田中角栄首相の東南アジア諸国訪問に同行し、マレーシア、シンガポール、タイ、フィリピン、インドネシアを回る（☆林）

昭和50年（1975）　7月15日から十七日間、北海道労働者訪中団が中国東北部（旧満州）へ。同行し、本紙に「中国の旅」を連載（後に作品『中国・ニイハオの旅』を出版。☆合田）

昭和52年（1977）　3月、☆林、本社政経部道政キャップになり、堂垣内道政を担当。7月26日、札幌で満州開拓団義勇軍三十三回忌法要。老人が「七冊のノート」を持参、立ち去る（後に作品『死の逃避行』を出版。☆合田）7月、「北海道中国展」道立産業共進会場で開催（遊軍として常駐取材。☆亀山）

昭和53年（1978）　9月、福田赳夫首相に同行して、中東諸国を歴訪。記者団長を務める（☆錦織）

昭和54年（1979）　ＵＨＢ北海道文化放送で「ドキュメント函館大火」を制作、放送（後に作品『ドキュメント函館大火』を出版。☆合田）

昭和56年（1981）　☆錦織、☆林、相次ぎ東京政経部次長になり、机を並べる。

昭和58年（1983）　4月、ＵＨＢ北海道文化放送の「テレビ道新6・30」のニュースキャスターに（☆錦織）

昭和61年（1986）　5月、壁で分断の東西ベルリンを取材（☆亀山）

昭和63年（1988）　4月　☆錦織、道新を退社し、ＵＨＢ北海道文化放送報道制作局長に。後に専務取締役。

8月25日夜、留萌地方豪雨。翌朝留萌川が氾濫、道新留萌支局床上浸水。二日後、留萌管内九市町村縦断の鉄人レース開催（☆亀山）

10月、本社紙日曜版に「歴史の源流を訪ねて」を連載。フランスを訪れ、「タイクン拝領の刀」の存在を知る（後に作品『大君（タイクン）の刀～ブリュネが持ち帰った日本刀の謎』を出版。☆合田）

平成元年（1989）　☆亀山、岩見沢総局長に。

平成2年（1990）　10月、本社紙日曜版に「蝦夷錦の来た道」を連載。ＵＨＢ北海道文化

放送で「蝦夷錦の来た道」を制作、放送（後に北海道新聞社編『蝦夷錦の来た道』を出版。☆合田）
8月、ソ連サハリン州でやけどのコンスタンチン坊やが札幌へ。札幌医大で手術。三カ月後に退院。北海道・サハリン医療交流使節団がサハリン・ユジノサハリンスクへ。坊やと再会（同行取材。☆合田）
11月、「ワールド・ソーラー・チャレンジ」の取材で豪州へ。（☆亀山）

平成5年（1993）
3月、☆林、販売局次長から小樽支社長に。
この年から平成7年にかけて、残る三人が相次いで退職。会社の役員になる者、大学講師になる者、悠々自適の者など、それぞれの道をそれなりに歩み出す。

平成14年（2002）
3月、「UHB北海道文化放送30年史」を発刊。前年よりコーディネーターを務め、執筆も担当（☆林）

平成28年（2016）
四人全員が八十代となり、『あの頃、俺たちは事件記者だった』を発刊（この段階で全員、なにがしかの病を抱え、酒量大幅に減るも、意気はなはだ軒昂）

老朗快語——あとがきにかえて

最初に「書こう」と言いだしたのは錦織俊一さんである。私たちは何年に一回か、事あるごとに集まり、一献傾け、消息を交換しあっている。

話の中心はどうしても病気のことになる。一番大病をしたのは亀山良三さんだ。膀胱癌と肺癌になり、二回も手術を受け、一時は髪の毛がまったくなくなった。それでも帽子をかぶって颯爽と現れた。錦織さんは心不全で二回も手術した。「俺の心臓の弁は、ブタなんだ」と平然と説明する。林芳朗さんは最近、脳梗塞になった。少し言葉が鈍くなったというが、そんな感じはまったくない。

私合田一道は五年前に交通事故に遭遇した。国道を運転中、右から車が飛び出してきて、側面衝突し、エアバッグが飛び出した途端、目前が真っ白になり、わからなくなった。幸い鞭打ち程度で終わったが、本来なら私が四人の中で最初に逝くはずであった。

そんな四人なのに、酒宴が始まったとたん楽しい場に一変する。もちろん酒量は往時の十分の一に落ちたが、話は丁々発止でとどまるところをしらない。私は密かに「これは、老朗快語だ」

と思っている。

そんななかで飛び出したのが『あの頃、俺たちは事件記者だった』という本を出そうという話だった。

私はいささか尻込みした。随分多くの本を書いてきたから、この本がどの程度読まれるか想像がつく。いくらわれわれが気張っても、そこそこ売れるとはとても思えない。だが、その熱気に圧倒された。

「若い頃、俺たちはこんな生き方をしてきた。それを形に残すだけでいい」

というのである。

この話を恐る恐る亜璃西社の和田由美さんに話したら「面白いじゃないの」と言ってくれた。でもその後に「いま、出版業界は青息吐息だからねぇ」と本音を吐いた。その話をみんなに伝えて、小部数だが何とか出版にこぎ着けた。

「あの頃」から軽く半世紀が過ぎた。これは遠く遙けき時代を振り返る、老人たちの愚にもつかない「懺悔録」と思ってもらっても結構、と少しやせ我慢の気持ちでいる。

二〇一六年新春

合田一道

◇著者略歴

錦織俊一（にしごおり・しゅんいち）
　昭和９年（1934）８月、釧路管内弟子屈町生まれ。昭和33年、早稲田大学卒。同年北海道新聞社に入社し、釧路支社整理部へ。同36年３月、報道部に移り、警察担当に。昭和40年、東京支社社会部に転勤、その後、政経部へ。福田首相の中東諸国歴訪に記者団長として同行。昭和58年、ＵＨＢ北海道文化放送「テレビ道新６・30」のニュースキャスターを５年間務める。昭和63年、道新を退社して北海道文化放送報道制作局長に。後に専務取締役。

亀山良三（かめやま・りょうぞう）
　昭和８年（1933）６月、樺太豊原市生まれ。昭和22年１月、樺太真岡から引き揚げ。昭和31年、中央大学卒。同年９月、北海道新聞社に入社し、釧路支社報道部警察担当に。札幌本社社会部へ。「心臓移植」を担当。昭和61年５月、東西ベルリン取材。昭和63年８月、留萌支局長の時、留萌大水害発生。平成２年（1990）11月、豪州ソーラーカー取材。平成５年９月、北海道新聞退社。翌年から平成14年までＦＭ北海道でニュース原稿リライトの嘱託。

林　芳朗（はやし・よしろう）
　昭和10年（1935）１月、滝川市生まれ。昭和35年、小樽商科大学卒。同年北海道新聞社に入社し、釧路支社報道部勤務となり警察担当に。昭和44年に本社政経部から東京政経部へ。主に野党を担当。再び本社政経部、美幌支局長を経て、昭和56年、東京政経部次長。その後函館支社報道部次長、本社論説委員、帯広支社報道部長、本社地方委員を務める。平成３年（1991）に販売局次長、平成５年に小樽支社長。退社してＵＨＢ北海道文化放送監査役に。

合田一道（ごうだ・いちどう）
　昭和９年（1934）１月、空知郡上砂川町生まれ。北海道新聞社に入社し、帯広支社編集部から釧路支社報道部勤務に。昭和35年春、警察担当キャップになり、４年間勤める。室蘭、旭川支社報道部次長を勤め、ＵＨＢ北海道文化放送に出向。復帰後、編集委員を務め、世界20余カ国を回る。退職後、札幌大学文化学部などの講師に。在職中からノンフィクション作品を発表。主な著書は、『日本史の現場検証』、『日本人の遺書』など。

あの頃、俺たちは事件記者だった

二〇一六年五月一日　第一刷発行

著　者　錦織俊一　亀山良三
　　　　林　芳朗　合田一道

装　幀　須田照生

編集人　井上　哲

発行人　和田由美

発行所　株式会社亜璃西社
　　　　札幌市中央区南二条西五丁目六－七
　　　　メゾン本府七〇一
　　　　ＴＥＬ　〇一一－二二一－五三九六
　　　　ＦＡＸ　〇一一－二二一－五三八六
　　　　ＵＲＬ　http://www.alicesha.co.jp

印　刷　藤田印刷株式会社

©Shunichi Nishigori, Ryozo Kameyama,
Yoshiro Hayashi, Ichido Goda 2016, Printed in Japan

＊本書の一部または全部の無断転載を禁じます。
＊乱丁・落丁本は小社にてお取り替えいたします。
＊定価はカバーに表示してあります。